柾式炊飯術　入門編

まずは、手っ取り早く、いちばん簡単なやり方で炊いてみましょう。

01

米をきれいに洗い、1時間以上水に漬けて浸漬米をつくる
（浸漬米は水に漬けたまま冷蔵庫で保存可能。余らせたくない場合は、生米360gを計量する）

02

口径18cmほどの鍋を用意し、水を切った浸漬米3カップ（540cc）と水400ccを鍋に入れる

03

蓋をせずに、全開の強火で着火

04

沸騰してきたら8分にセットしたタイマーをスタートする

05

お湯が泡だって盛り上がってきても強火のまま

06

泡立ちが減ってきたら蓋をする。蓋をしても強火のまま

07

鍋底がチリチリ小さな音を出したら極弱火の蛍火にする

＼ できあがり！ ／

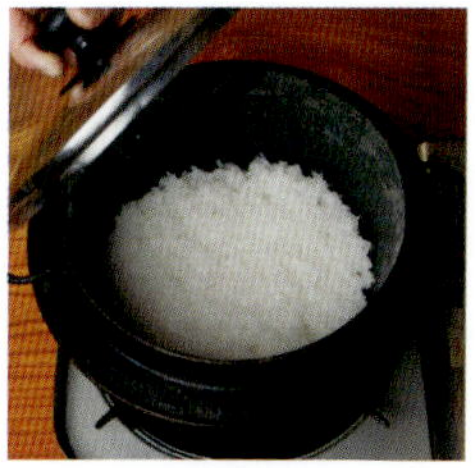

08

タイマーが鳴ったら完成
蒸らしは不要

09

お櫃などにすぐに移す

ご飯の炊き方を変えると人生が変わる

真崎庸

晶文社

デザイン／鈴木千佳子
カバー装画／nakaban
写真撮影／金川晋吾
撮影協力／遠藤祐輔
執筆協力／尹雄大

はじめに

東京都中野区のはずれに、柾《まさき》という和食店を出して一五年ほど経ちました。炊き立てのごはんがおいしいおまかせ料理の飲み屋さん、という考えで造ったお店です。

六年ほど前に、ＳＮＳ上の友人がごはんの炊き方を教えてほしいというので、通信講座「柾式炊飯教室《まさきしきすいはんきょうしつ》」をした所、それをまとめてくれた友人もあり、ごはんの炊き方に興味を持ってくれる人と知り合うようになりました。それではと、六人ぐらい集めてもらえれば、深夜バスで行ける範囲ならどこへでも参上しますと、北は秋田から西は大阪まで、はたまた飛行機代を出して呼んでくれた人もあり、遠くは大分やジャカルタまで炊飯教室行脚をしたのです。その経験をぜひということで本書を書く運びとなりました。

おいしいごはんとは、どういう味のものでしょうか。それがはっきりしなくてはその方法は定まりません。私が求めるおいしいごはんは、一粒一粒を噛み締めることができ、口の中ではらりと解けるものです。ごはんの内部は完全に火が通っていて柔らかく、外側がしっかりとしている、外硬内軟の状態に仕上がるのが理想です。このように炊いたごはんは、粘りや甘さを引き出すことはないのですが、旨味を強く感じ易くなります。面白いのは甘さを出さないように炊いたこのご飯を食べて、甘いと感じる人が多いことです。旨いは甘いということでしょうか。

今お話したおいしさは、私の独りよがりのものかもしれません。しかし、味に対する先入観のない無垢な味覚の持ち主が喜んでくれると、間違ってはいないと思えます。柾式炊飯術を知った多くの方から、子供たちがごはんをたくさん食べるようになったという話を聞くと、この術が多くの人の目に触れるのも悪くないと思うのです。

柾式炊飯術の特徴はまず、お米を完全に吸水させ、いつでも炊けるように冷蔵庫に保存するということ。次に強火で一気に炊き上げた結果、蒸らしも要らず着火から一一分（最短九分）で炊き上がるということです。まずは、折り込ページの入門編でお試しください。

柾式炊飯教室を主催してくださった皆さんに感謝をこめて

真崎　庸

目次

第4章 ごはんの料理 ごはんのおかず

第5章 美味しいとはどういうことか

序章　まずは炊いてみましょう

まずは、手っ取り早く、いちばん簡単なやり方で炊いてみましょう。巻頭の折込写真ページを参考にしてください。このやり方でだいたいうまくいくはずです。完成まで一一分ほどかかりますが、初めてのときはコンロから離れずに、時計を片手に鍋の様子を観察しながら炊いてみてください。慣れてくれば、要所だけ見ていれば良いので、コンロの前にいるのは二、三分で済みます。

使うコンロの火力や、鍋の形、炊く量など、さまざまな点で微妙に変わってくることもあります。もっと炊飯のことを知りたい方、もっとおいしいごはんを炊きたい方、もう一つうまくいかない方は、本文をご覧ください。それぞれの工程が詳しく書かれているページを示しましたので、索引代わりに使ってください。

①米をきれいに洗い、一時間以上水に漬けて浸漬米《しんせきまい》をつくる（浸漬米は水に漬けたまま

冷蔵庫で保存可能。余らせたくない場合は、生米三六〇グラムを計量する）［↓一七〜二一頁］

②口径一八センチメートルぐらいの鍋を用意し、水を切った浸漬米三カップ（五四〇cc）と水四〇〇ccを鍋に入れる［↓二三〜二五頁］

③蓋をせずに、全開の強火で着火［↓二六〜二八頁］

④沸騰してきたら八分にセットしたタイマーをスタートする［↓二六〜二八頁］

⑤お湯が泡立って盛り上がってきても強火のまま［↓二九頁］

⑥泡立ちが減ってきたら蓋をする。蓋をしても強火のまま［↓二九〜三二頁］

⑦鍋底がチリチリ小さな音を出したら極弱火の蛍火《ほたるび》にする［↓三三頁］

⑧タイマーが鳴ったら完成。蒸らしは不要［↓三六頁］

⑨お櫃《ひつ》などにすぐに移す［↓一五頁、三六頁］

第1章

極式炊飯術 基本編

柾式炊飯術 1……用意すること

洗米と吸水の道具

柾式炊飯《まさきしきすいはん》に必要な道具は、ザル、ボウル、一合《ごう》（一八〇cc）の計量カップ、冷蔵庫に米をしまう保存容器、鍋、蓋《ふた》、お櫃《ひつ》です。

ザルは目に米が入らない細かめのものがよいです。大は小を兼ねますので、大きめのものがあるほうがよいでしょう。ボウルはザルよりも少しだけ小さめにすると洗米がしやすいです。計量カップは違う大きさでもよいのですが、その場合は少し水加減の計算が面倒になりますので、できるだけ一八〇ccのものを用意されることをお勧めします。

保存容器は、安いタッパーで十分です。二リットルぐらいの大きさのもので五合以上入ります。

鍋と蓋

ごはんをガスコンロで炊く方法についてお話をすると、まず聞かれるのがどんな鍋で炊いたらよいかということです。はっきり言って穴が開いてない鍋であればなんでもよいです。少し難しいですが、ボウルでも炊くことはできます。やり易いものとやり難いものはあっても、**おいしく炊ける鍋というものはありません。**台所にある鍋の中から選んでください。

一番大事なのは大きさです。なるべく**口径が小さく、背が高いものが炊きやすい**です。フライパンでも炊くことはできますが、難易度はかなり高くなります。生米の量で一合以下でしたら、口径は一五センチメートル以下、二～三合でしたら一八センチメートルぐらいがよいです。家庭の火力ですとかなり工夫が必要なのでおすすめできませんが、五合ぐらいを炊くのには二四センチメートルほどの大きさが適切です。

材質は、熱伝導のよいもので、少し厚みのあるものがよいです。最もおすすめするものは鉄ですが、ステンレスなどで構いません。材質が薄手のものだと焦げやすくなりますので避けてください。表面に加工のない無垢《むく》のものがよいです。フッ素コーティングなど食材がこびりつかない加工をしているものは少し問題があります。ただし使い古して調理時にくっつくようになったものでしたら、問題ありません。

もはや炊飯の鍋として国民的常識となっている土鍋ですが、はっきりいいます。かなり炊きにくい道具です。冷めにくく熱しにくい材質のため、沸騰までの時間がかかることと、火加減を弱くしたときの反応がとても遅いのです（柾式炊飯ではダイレクトな火加減調節が肝になるので）。さらに、割れやすい、洗いにくい。見た目のよさは素晴らしいですが、おいしいごはんを炊くということに関しては優れていません。

こだわりのある人でしたら、形状にも気をつけてください。底の面積が小さいものの方がお湯の沸きあがりもよく、また、お焦げになる面積も小さくなるので、全体の中でおいしい部分の割合が大きくなります。昔からある**羽釜**《はがま》の形ですね。

蓋は基本的に鍋についているものでよいのですが、いくつか注意があります。まずは密閉しすぎないものがよいです。無水鍋などの場合密閉が高すぎてあまりに吹きこぼれやすくなります。また、鉄などの重たいものはたいへん扱いにくいです。蒸気穴の開いているものもできればやめたほうがよいです。おすすめは、道具屋やホームセンターで安価で売られているガラスの蓋です。ガラスですと中も見えるので、仕上がりを見ながら炊き上げることもできます。

お櫃

もし炊飯にお金をかけるなら、**鍋にこだわるよりもお櫃**を求めてもらいたいです。炊き上がったごはんは、鍋に入れたままにすると湯気でふやけてしいます。湯気をしっかりと吸いとってくれる木のお櫃は格段にごはんの仕上がりをよくするのです。

選ぶポイントはいくつかあります。まずは材質。必ず**さわら**という木材を使ったものにしてください。さわらはひのきの仲間なのですが、ひのきに比べて木の臭いが少ないのです。形は桶タイプと曲げタイプがあります。曲げのものは壊れにくく軽いですが、桶のタイプは吸水と保温の力に優れています。また、さわらの曲げ物はほとんど見つけることができないと思います。

桶のタイプは乾燥で縮んだりするとバラバラになることがありますが、木工所から直接買えば修理をしてくれるので安心です。インターネットで、「木曽／さわら／おひつ」で検索してみてください。すぐにいくつかのページに出会えるはずです。

米の種類

いろいろな種類の米が売られていますが、市販されているものではそれほど大きな差はありません。電気炊飯器で炊くことが標準ですから、極端に炊き方を変える必要がある米はあまり売られていないのです。

専門店や農家から直接買えば品種以上の個性のある米がありますから、水加減を変えながらチャレンジしてください。

注意するのは、保管の悪いものです。カビ臭や古米臭、これは炊飯の技術ではどうしようもありません。割れ米が多いのも食感がとても悪くなります。それから、白濁した未熟米の割合が多すぎると粘ってやわらかすぎる炊き上がりになります。精米で圧力をかけすぎた米も割れが多くなるので、自家精米をするかたは注意が必要です。

米を洗う

米を研ぐという言葉があるように、米をこすり合わせて磨くようにするやり方を子供のころに習いました。水は貴重なものです。少ない水で無駄なく米を洗うにはそのやり方が良いです。しかし、おいしいごはんを炊くには、米が割れ易く濁った水を吸わせやすいこのやり方は良い方法とは言えません。**やさしく、ていねいに、きれいに洗うのが原則**です。

ボウルにたっぷりの水を張り、ザルを落とします。ザルの中に米を入れたら、最初はザルをゆするだけで、少し水が濁ってきたら水を換えます。次は水の中でやさしく手をこするようにして米を洗っていきます。すぐに白く濁るので水を換えてください。次はもう少しじっくりと洗っていきますが、濁りが強くなったら水を換えます。さらにもう一～二回洗ってやれば、きれいな洗米が仕上がるはずです。

米を洗うときはきれいに洗い上げることが大事なことですが、気をつけなくてはならないのは、**ぬかで汚れた水を吸わせない**ということです。とくにはじめに水に漬かったときにたくさんの水を吸うそうです。洗いはじめはすぐに濁ることもあるので、手早く水を換

04

手のひらで
擦り付ける
ように
やさしく

05

きれいになるまで
よく洗う

06

タッパーに入れて
冷蔵庫で保存する。
水はお米より
深くすること

米の洗いかた

01

ボールの上に
ザルを重ねる

02

生米と洗い水
を入れ、ザルを
二、三度ゆすったら
水を替える

03

洗うときは
たっぷりの水の中で

えるほうが良いです。はじめに吸う水が肝心ということで、洗米にミネラルウォーターを使う人がいますが、味そのものに与える影響はあまりにも小さく、感知できる人はいないでしょう。もちろんこだわることに意味を持ちたい人はぜひやってみてください。

栄養のためにあまり米を洗わないほうがよいという意見もあります。私としては、酸化した糠《ぬか》から得られる栄養を取るよりも、七分搗きの米を食べたほうが合理的だと思います。

吸水と浸漬米の保管

柾式炊飯において重要な三要素のひとつが吸水です。

米が完全に吸水してもうこれ以上吸わない状態になるまでには、常温で一時間かかります。そしてこの完全に吸水させた浸漬米《しんせきまい》はいくら長く水に漬けておいてもかまいません。よく一度水に漬けた米をザルにあげておくやり方を見ますが、これは**決してやってはいけません**。米にひびが入り割れてしまいます。必ず水に漬けておいてください。

さて、ごはんを炊くときにいちばん面倒な作業は、ごはんを洗うことです。

毎日ごはんを炊くのでしたら、ぜひ数日分をまとめて洗っておくと良いでしょう。タッパーにしまって冷蔵庫に保管しておけば、三日ぐらいはまったく問題ありません。水をかえていけば一週間ぐらい平気です。

いつも冷蔵庫に浸漬米が保管してあれば、いざごはんを炊こうとするときにすぐに炊くことができます。

鍋はどんなものでもかまわないが、
炊く量と鍋の大きさが合っているものがよい

お櫃（さわら製）

柾式炊飯術２……ごはんを炊く

この基本編を習得するまでは、道具、コンロ、米の種類、炊く量、火加減の条件をいつも同じにすることを心がけてください。

炊いてみてうまくいかないようでしたら、次回に水加減だけを変えて修正するのです。ふつう二〜三回炊くうちに自分の道具や米、好みにあった水加減を見つけられるはずです。

水加減

水加減については「これで必ず大丈夫だ」という加減はありません。なぜなら使う鍋の形やコンロの熱量、米の種類、さらに一人ひとりの好みなどによって変わってくるからです。ですから、何度かうまくいかないこともあるかもしれません。まずは次のやり方でやってみてください。

米の計量ですが、かならず**吸水を終えた浸漬米を計量**してください。浸漬米は生米の状態から水を吸って大きくなっていますので、浸漬米一合は生米の〇・八合に相当します。浸漬米をザルなどで水を切ってから計量します。炊飯教室で実践してみると案外この計量が雑で、きちんと計れていない人が多くいます。一八〇ccの計量カップに隙間なくすりきり一杯をていねいに計量してください。カップで計るのが苦手な方は重さでも計ることができます。浸漬米一五〇グラムが一カップに相当します。

ごはんを炊くときに加える水の量には内訳があります。まずは、米がごはんになるのに吸い上げる水です。それから炊飯中に蒸発する水です。

ごはんが吸い上げる水の量ですが、浸漬米一カップ（一合、一八〇cc）に対して一〇〇ccです。その人の好みや米の性質によって若干の違いはありますが、一カップに対して一〇〇ccでやってみてください。

次に**蒸発する水の量ですが、炊く量に関わらずおおよそ一〇〇cc**です。ただし使う鍋の形やコンロの熱量によって変わります。火が弱ければ五〇ccほどで良いですし、火が強かったり鍋が広かったりすれば一五〇ccや二〇〇ccになることもあります。いろいろな教室でいろいろな鍋を持参してもらった結果、一般的な家庭のコンロで浸漬米二〜三カップ

（二～三合）を炊くときは、一〇〇ccでほぼうまくいきます。

浸漬米のカップ数×一〇〇cc＋一〇〇cc

これが**柾式炊飯の標準的な水加減の公式**です。じつに簡単ですね。

浸漬米：一カップ	必要な水：二〇〇cc（一〇〇cc＋一〇〇cc）
浸漬米：二カップ	必要な水：三〇〇cc（二〇〇cc＋一〇〇cc）
浸漬米：三カップ	必要な水：四〇〇cc（三〇〇cc＋一〇〇cc）
浸漬米：四カップ	必要な水：五〇〇cc（四〇〇cc＋一〇〇cc）

いざ炊飯

やることは簡単です。

浸漬米カップ３合＋米が吸い取る水300cc＋蒸発する水100cc

・火をつける
・沸騰する時間を確認する
・途中で蓋をする
・火を弱める

たったのこれだけです。

要するに**「蓋をするタイミング」**と**「火を弱めるタイミング」を覚える**だけのことです。とくに難しいことはありません。**炊飯の時間は沸騰してから八分間**です。浸漬米二合を炊くときの沸騰までは標準で三分ぐらいですから、着火から一一分でごはんが食べられます。浸漬米一合ぐらいでしたら一分半ほどで沸騰しますから、九分半ぐらいで炊き上がります。

一度に炊くごはんの量ですが、一般の家庭

用のコンロの火力では、浸漬米二〜三カップがもっとも炊きやすく、四カップ（生米で三合強）までが許容量だと思ってください。少量の場合は小さい火のコンロを使うか火力を調節する技がいります。また四合以上の炊飯をするときには別の工夫が必要です。

この炊飯の原理をよく理解して応用する力がつけば、極少量炊飯や大量炊飯も可能です。私はカセットコンロを使って○・四合でも一升でも炊くことができます。

まずはもっとも炊きやすい二〜三カップで炊飯に慣れてください。

着火から沸騰

鍋をコンロに載せたらいよいよ着火です。**最初から全開の強火**にします。このとき**蓋はしません**。蓋をしておくと、沸騰したとたんに吹きこぼれてしまうからです。

全開の火にするのには二つの理由があります。

一つは、単純に**強火で炊きたい**からです。

柾式炊飯の目指す仕上がりの一つは、粘りの強くない米離れのよいパラっとしたごはんです。着火から沸騰までの時間が長くかかると米のデンプンが溶け出して粘りが出てきてしまいます。ごはんに粘りが強く出てしまうのと同時に、加熱にも問題が出てきます。そして粘りの強いお湯で炊くと熱の伝わりが悪くなるので火が通りにくくなります。また、粘りのあるお湯は焦げやすくなるので、お湯を最後まで煮詰めきることができなくなるのです。お湯を煮詰めずに残った水分を処理するために、蒸らしが必要になります。対して、完全に吸水した浸漬米を強火で一気に炊くことで蒸らしのいらない柾式炊飯が実現するのです。

全開の火にするもうひとつの理由は、**毎回同じ火加減にする**ためです。

この炊飯で使う火は、全開の火と最小の蛍火の二種類だけです。そう設定することで、火の調節で間違えるということをなるべくなくしたいからです。うまくいかないときに、間違えたのはどこかを探すのはなかなか難しいことです。なにを間違えたのかがわからなければ、次回もうまくいきません。

もちろん、たとえば水加減を変えずに一定の量に決めてしまって、火加減を調節することで仕上がりを調整・修正するというやり方もできなくはないです。しかしこれは難しいです。火加減をいつも同じにしておいて、水加減を修正するだけで調整するほうが簡単で、単純に失敗しなくなると思います。

はじめのうちは、着火したらストップウォッチで時間を計ってみてください。水が沸騰するまでの時間は大事なポイントです。浸漬米二〜三カップの炊飯でしたら、**三分から三分半**が標準の沸騰タイムです。長くても四分半ぐらいまでに沸騰してもらいたいです。もし五分以上かかるようでしたら仕上がりが悪くなってしまいますので、炊飯の量を減らす、火力の強いコンロに変える、熱伝導の良い鍋に変える、水の量を減らす、沸騰までは蓋をするなどの修正が必要です。

蓋閉め

沸騰してしばらくすると、お湯が吹き上がってきて、対流の良い鍋でしたらあふれそうになるほど泡だってきます。見ていてとても楽しい時間です。すると今度はだんだん水位が下がっていき、あるところになると水面が下がっていきます。ここが蓋をするタイミングです。**沸騰してから二分半**ぐらいの時間に訪れるのが標準です。

蓋を閉めないで炊き始める理由は、蓋をしていると吹きこぼれてしまうからです。たとえば炊く量に対して十分に大きい鍋で炊くのであれば、吹きこぼれることがありませんか

04

激しく沸いても
そのままに
しておく

05

沸騰してから約2分半
（着火から約6分）で、
泡が落ち着いてくる。
そのタイミングで
蓋をする

06

蓋をして
強火のまま
さらに約2分ほど
加熱する

基本の炊飯術

01

鍋に水とお米を
入れたら、
蓋をせずに着火し
最大火力にする

02

最大火力

03

徐々に
沸騰してくる

らはじめから蓋をしていても構いません。しかし、ふつうの大きさの適量の鍋で炊けばまず吹きこぼれます。

次に蓋をする理由です。沸騰して米の嵩《かさ》よりも水位が高いときは、米を茹でている状態なので、蓋の必要はありません。しかし米が膨らみ、水が蒸発してくると、米が水面よりも上に出てしまいます。こうなってしまうと湯に触れていない部分は火が通らなくなってしまいます。ここからが蓋の出番です。蓋をすると鍋内の温度が上がるので、残りの少ない湯がまた鍋いっぱいに沸きあがります。煮きったあとに残る水分で蒸し焼きの状態で過熱をすることができるのです。

炊飯教室で炊いてもらうと、蓋をしめるタイミングが遅く、完全に米が見えてしまうようになっている人が多いです。こうなってしまうよりは早すぎるほうが良いです。もし早すぎても、少し吹きこぼれてしまうだけですし、そのときは蓋を少しずらしてやれば吹きこぼれなくすることができます。何回かやっているうちに良いタイミングがわかってくるはずです。

もうひとつ、蓋をしめると同時に火を弱めてしまう人が多くいますが、火を弱めるタイミングはまだ先です。全開の火を維持してください。

蛍火――最小の火にしぼる

鍋に**蓋をしてから一～二分**ほどで、鍋の中の湯はほとんどなくなってきます。湯がなくなると、鍋底が熱くなり米が焼け始めます。このとき**鍋底からかすかにチリチリと音**がします。となりで炒め物をしていたり音楽をかけていたりしては聞こえない小さな声です。この音がしたら、すかさずコンロの火を弱火よりも小さい最小限のところにしぼってください。この種火ほどの、付いているかどうかギリギリの火加減を「**蛍火**《ほたるび》」と呼びます。

従来の炊飯ですとこの状態で火を止めて蒸らしに入りますが、ここで蛍火の加熱をすることは柾式炊飯の大きな特徴です。火を止めてしまうとだんだん冷めてしまい、鍋の中の蒸気が湯気になってしまいます。湯気の温度では米をごはんにするために必要な加熱をする力がありませんので、火を止める場合にはこの時点で米の芯がないところまで炊かないといけません。柾式炊飯の場合は、蛍火にした時点ではまだ芯が残っています。この後の蒸気による加熱で中までしっかりと火を通すのです。

鍋底がチリチリしてきて蛍火にしぼったら、そのまま**三分半**待ってください。いよいよ

10

すぐに
お櫃に
移すこと

11

鍋底には
うすくごはんが
貼りついている

基本の炊飯術は、
沸騰してから８分、
着火から11分前後で
炊き上がります。

基本の炊飯術　つづき

07

鍋肌からパチパチ、
チリチリと
音がしてきたら
蛍火にする

08

蛍火にしてから
約3分半で
炊き上がる

09

しゃもじが
サクッと入るのが
よい炊き上がり

完成です。

完成

蓋を開けてみましょう。つやつやに光るごはんがいかにも美味しそうです。すぐに食べてみたくなりますが、その前に**一つまみ必ず味見**をしてください。もしごはんに芯が残っているようでしたら、お猪口《ちょこ》一杯ほどの水を差して再度強火で五秒加熱した後、蛍火にかけてください。一分ほどしたらもう一度味見してみましょう。失敗してもこの手直しでおいしいと言えるレベルのごはんに直すことはできます。

しっかり火が通っているのを確かめたら、すぐに鍋からごはんを取り出します。できればお櫃に移してください。お櫃がなければ、ボウルに移して上から布巾をかけておくとよいです。鍋底にごはんが張り付いていますが、このごはんは後でお焦げに仕上げますので、無理に剥がさないでください。

鍋にしゃもじを入れるときには、その触り加減を感じてください。さくっとよい手ごたえで入るときは、よい仕上がりに炊けています。しゃもじの入りが重たいときは、蛍火の時間が長すぎた証拠です。逆になんの抵抗もないときは水分が抜けていません、もう少し蛍火の時間を長くしたほうがよいのです。

お焦げをつくる

鍋底にはりついた飯粒は、鍋でごはんを炊きたくなくなる原因のひとつです。食べにくいし、もったいないし、洗うのが大変です。そこで提案したいのが、おせんべいのようなおいしいパリパリのお焦げに仕上げることです。鍋底の飯粒は一粒残らずきれいに剥がせて、子供にも大人気です。

炊き上がったごはんをお櫃に移したら、空の鍋をもう一度蛍火にかけます。そのまま一五分ほど放置しておけば、飯粒が浮き上がってくるのできれいに剥がせます。このとき、火加減に注意して**最弱の蛍火よりもほんの少しだけ火を強くする**と、きつね色のきれいな焼き目をつけることができます。ただし、わずかに強すぎただけで真っ黒い炭化したお焦げになってしまいますので、注意してください。

できあがったら、まずは、塩か醤油をつけてかじってみてください。

弱火で15分ほど加熱すると
貼りついたごはんが浮いてくる

鍋底に残らないで
きれいにお焦げが取れる

上手な火加減できれいに焼けたお焦げ

柾式炊飯術３
……うまくいかないときは

ここでは、「２」までの復習になります。同じことのくり返しになりますので、上手に炊けている人は飛ばしてください。

水加減を変える

炊き上がったごはんを食べて最初に感じることは、ごはんが硬いか柔らかいかということでしょう。自分が思ったような硬さに仕上がらなかったときに、最初にやってみることは**水加減を変える**ことです。

コンロの火力や鍋の形によって、炊き上がるまでに蒸発する水の量は変わります。水加減の公式で書きました＋一〇〇ccのところは、炊飯のときに蒸発する水の量です。一〇〇ccはあくまで標準的なもので、条件が変われば変わってきます。自分が使う道具に合った水加減を知るには、二〜三回の調整が必要です。そのためにも安定してごはんが炊けるようになるまでは、**同じ道具で同じ量のごはんを炊くことが大切**です。毎回違う条件にしてしまっては、適切な水の量がわからなくなってしまうからです。

炊飯教室に出かけると、その場所のキッチンごとに条件が変わりますから、ぶっつけ本番で炊きますと必ず失敗します。失敗というほどひどいものにはなりませんが、みなさんに「このやり方で炊いてみたい」と思っていただくには心もとないものが炊けてしまう可能性がとても高いのです。それが怖いので、必ず試し炊飯をします。一度やってみれば、これまで炊いてきた経験もありますから、そのコンロに合った水加減がわかります。最初からうまくいくのは、ただの偶然ですから、**失敗することにめげない**でください。

それから大切なのは、必ず入れた水の量とそのときに食べたごはんがどうであったのかを記録しておくことです。そのデータがなくては、次回に調整することはできません。

計り方を間違えている

毎回同じようには炊けませんという人の話を聞くと、たいていの場合、米や水の量を目分量でやっているといいます。あれほど口を酸っぱくして**計ることが大事**だといっても、計らない人は後を絶ちません。もうそういう人はどうぞ、だいたいのところでいいじゃないですか、不味いわけじゃあないんでしょと、放って置きます。それもその人の食事への向き合い方なのですから、私は干渉できません。

きちんと計っているのですがときどき柔らかすぎたりするんです、という人もいます。実際に炊くところを一から見せてもらうと、計量がうまくできていませんでした。濡れたお米をワンカップ計るというのは、意外に難しいのです。中に隙間ができてしまったり、すりきりができていなかったり、けっこう違う量を計ってしまっていることがあるのです。**カップにはふんわりと入れて少しゆすってやり、指でやさしくすりきってあげる**ことです。水を計るのも、傾いたところで計っていたり、目盛りを読み違えていたりと、落とし穴はあります。浸漬した水を切らずに、水ごとお米を計って鍋に入れてしまう人もいます。

神経質になる必要はありません。だいたいのところでいいのですが、ちょっと大胆に計り間違えることもありますので気をつけてください。ちなみに私がよくやる大失敗は、お米のカップ数を間違えていたということです。お店に通うお客さんたちは、私が数え間違えるのをよく知っているので、いつも見張ってくれています。

蓋をするタイミングが遅い

炊き方の解説でも触れましたが、蓋をするタイミングを間違えて覚えてしまっている人が多いです。**水位が低くなってきてごはんの表面が見える前に蓋をする**と教えるのですが、ごはんの表面が見えてきたら蓋をすると覚えてしまっているのです。

私が学生時代に山の自然を研究していたときに、自然のガイドをしているレンジャーの方から聞いた話です。笹の葉にミシン目のような穴が開いていることがあるのですが、これは笹の葉が開く前のくるくる巻いている状態のときに虫が一点穴をあけると、葉が展開したときに穴が連なるために起こります。それを説明するとき冗談で、うさぎが齧ったわけではないですよ、というと、この穴はうさぎが齧った跡なのですよと他の人に伝える人があらわれるそうです。人の脳は、自分の興味や経験、印象の深いほうへと勝手に話を変えてしまうのです。

鍋底に厚くごはんがこびりつく

お焦げが厚くなりすぎてしまうという相談をよく受けます。

ほとんどの原因が、蛍火に変えるタイミングが遅すぎるために起こります。標準では、蓋をしてから二分ほどで鍋底がチリチリと音を立て始めます。鍋に蓋をして一分ぐらいしたら、静かにして鍋の音を聞いてください。雑音があると聞こえません。そして、鍋底のチリチリする音が聞こえたらすぐに、蛍火に変えることです。このタイミングが遅いと、こびりつくごはんの量が増えてしまいます。チリチリがパチパチになるころでは、遅すぎます。また、蛍火で加熱する時間が長すぎても、こびりつく量が多くなりますので、タイマーを使って調整しましょう。

土鍋やル・クルーゼのように**蓄熱性の高い鍋を使うときは注意が必要**です。火力を弱めても、実際に鍋底の熱が下がるには時間がかかるので、チリチリ音を聞いてからでは遅すぎるのです。蓋をしてから一分とか一分半とか、時間によって蛍火に落とすタイミングを決めてしまうのが良いでしょう。

　チリチリの音が聞こえにくい鍋というのもあります。このときもやはり、蓋をしてからの時間を計ることで対応しましょう。

　水加減を間違えていないし、蓋をするタイミングも間違えていないのに、蓋をしてすぐにチリチリ音がしてしまうことがあります。これは、鍋底の材質が薄いために、こびりつきが早く起きてしまうためです。チリチリ鳴り始めたら、蛍火に落とさないとこげついてしまいますので、早すぎても蛍火にしてください。そして、早くしたぶん蛍火加熱をする時間を長くとります。また、厚みが薄い鍋を使うときは、次章で紹介するお焦げなし炊飯法で炊くとよいです。蓋をする時点で、強火から中弱火に変えて、チリチリ鳴ったら蛍火に変える二段階火力調節をするのです。

　鍋底は厚みがあるのに、側面は薄い鍋というのも見かけます。この鍋がやっかいなのは、鍋底はまだこびりついていないのに、側面から先にチリチリ音がしてしまうところです。この手の鍋を使うときも、蓋をした時点で火力を中弱火に変える、二段階火力調節をしてみてください。

時間を計る

おいしいごはんを簡単に炊けるようになりました。

新しいことを覚えると誰かに見せてほめて貰いたくなるものです。標的になるのはだいたいお母さんです。お母さんは意外と手強い相手ですよ。今まで自分がやってきたやり方を否定されるようなものを見せ付けられると嫌な気分になるものです。どんなものか見せてもらいましょうと身構えています。娘はぎゃふんと言わせてやろう思っていたりして、得意気に実家の台所で披露します。ところがこれ、失敗することが多いのです。あれ、こんなはずじゃないんだけど。ほらみなさい、ごはんは炊飯器にまかせておけばいいのよ。なによ、そんな言い方しなくたっていいじゃない。あなた生意気なのよ。

最後はおもしろくなって少し脚色してしまいましたが、実際にこんなやりとりになってしまったという話は何人もの人から聞きました。

失敗の原因は簡単です。**いつもと道具が違うため、水加減を間違えていた**のです。私も炊飯教室でアウェーの戦いになれば、必ず一回目はうまくいきません。また、教室では皆さんに鍋を持参してもらうのですが、鍋一つひとつで微妙に水加減や途中経過が変わるものなのです。

毎日のことでしたら、失敗しながら修正すればよいのですが、一発勝負で決めなければならない場面にも遭遇するでしょう。そのときに役に立つのが、**時間経過を見ながら火加減を修正する**という方法です。日常では、コンロの前に一一分間張り付いてちょこちょこ火加減を変えるのはちょっと面倒なことだと思います。ですから、手数を最小限にして、火加減はいつも同じパターンにすることで、水加減の修正だけで微調整をしようというのが、柾式炊飯の基本法です。しかし、一回で決めなければいけないときは、**水加減を固定して、火加減を調節する方法**をとれば、失敗することがありません。

着火→沸騰	一分半から四分半（炊く量に応じて変わります）
沸騰→蓋閉め	二分半
蓋閉め→チリチリ音	二分
蛍火→完成	三分半

この時間経過のとおりになれば、大きな失敗はまずおこりません。

沸騰までの時間はあまり気にしなくても良いですが、火力が弱すぎる場合は次項を参照してください。

沸騰してから蓋閉めのタイミングまでの時間が、観察していて短すぎるなと感じたら、火力を少し弱めましょう。もともと最大の火力にしていますから、強くすることはできません。長すぎるようでしたら、水を掬って減らすという荒技を使うのもありです。また、ここで短すぎたときもあわてる必要はありません。次の蓋閉めからチリチリまでのセクションで挽回可能です。

蓋閉めのタイミングが、沸騰してから二分半待たずに早く訪れてしまうのは、水加減が道具に対して少なかったからです。次回へ向けての反省は後にして、この場は火力を落とすことで対応しましょう。蓋を閉めるタイミングで火力を弱から中火のあたりに変えます。弱なのか中なのかは、蓋を閉めたタイミングで決めてください。

沸騰↓チリチリ音までは合計四分半です。火を弱めたり強くしたりしながらこの時間になるように持っていきます。ひとつ注意してもらいたいのは、弱火だとチリチリ音がしないという点です。いったん強火にしてチリチリ音を確認してもいいですし、時間で決めて沸騰から四分半のタイミングで蛍火にしてしまってもかまいません。

さて、懸命の火加減調節にもかかわらず、沸騰から四分半を待たずにチリチリ音が出てしまった場合も、あわてないでください。チリチリ音がしてしまったらそれ以上の強い加熱は禁物ですので、即座に蛍火にしてしまいます。そして、短くなってしまった分だけ蛍火加熱の時間を長く取ります。沸騰から四分の時点で蛍火に変えた場合は、蛍火の時間を四分に延長してしまえばよいのです。**沸騰後トータル八分で完成すれば大きく外れたことにはなりません。**

火力が弱い

二九ページにも書きましたが、炊飯の量に対して火が弱すぎるとうまく炊けません。蒸発量の＋一〇〇ccを減らすことで対処しますが、減らすにも限界があります。＋三〇ccよりは減らさないほうが良いです。

水を減らしても沸騰までの時間が四分半を超える場合は、他の対処法を考えましょう。まずは**始めから蓋をする**ことです。沸騰して吹きこぼれるようになったらその時点で蓋を外すかずらすかして吹きこぼれないようにします。アルミホイルで落とし蓋にしておくという手もあります。

それでも時間がかかる場合は、炊く量を減らすことをお勧めしますが、そうもいかない場合は次章で紹介する大量炊飯の項を参考にしてください。

沸騰しても沸きあがらない

炊く量に対して火力が弱かったり、対流のよくない鍋、炊く量に対して鍋が大きすぎるときなど、水が沸騰してもその後沸きあがってこないことがよく起こります。

景気よく泡がぶくぶく沸いてきてもらいたいところですが、なんだか鍋底でごぼごぼいっているだけで、沸いてこないのです。これは、加熱されてお米がくっついてしまって、蓋をした状態になってしまっているのです。対流が良い状態であれば、蓋を突き破って沸いてくるのですが、対流が弱いとそうなりません。そのままにしておくと、表面のお米の火の通りが悪くなるので、炊きむらができてしまいます。

対処法はかんたんで、**水が沸騰してきたところで一回、箸かしゃもじでかき混ぜてしま**

えばよいです。また、アルミホイルで落とし蓋をするのも有効ですので試してみてください。

鍋の口径が大きすぎる

ごはんを炊く量に対して鍋の口が大きいものですと、すこし難しくなります。ひとつめは、前項でも書きましたように対流がしにくくなることです。もうひとつ難しいのは、水位が低いために、極端な場合は沸騰した時点でお米の表面が水面の上に見えてしまうことです。水面よりも上に出たお米は十分に熱することができないため、炊きムラができてしまいます。また、蓋をしてからチリチリ音までの時間も短くなりがちです。

対処法は、水の量を増やすことが第一なのですが、水の量を増やしていって標準時間に近いようになっても、ごはんの内のほうが硬めで、外側が柔らかめのアルデンテに炊き上がりやすくなってしまいます。柾式炊飯が目指しているのは、外が硬く内が柔らかい**逆アルデンテ**の状態です。

水を増やして対処するのは、＋一〇〇ccのところを＋二〇〇ccに増やすぐらいまでにしたほうが良いようで、+二〇〇ccにしてもまだ足りない場合は別の方法で対処しましょう。

低い水位を上げるのに有効なのは蓋をすることです。吹きこぼれてしまう場合は、蓋をずらしておいてもいいですし、上蓋をせずにアルミホイルで落とし蓋をするのも良いです。

さらに、時間を計って火加減を調節してみることです。初めはつきっきりになりますが、何度もやるうちに時計を見なくてもできるようになるでしょう。

お米の種類

市販されているものでは、それほど大きな差はないのですが、かなり硬い米質のものを作付けしている地域や農家さんがあります。以前私が取り寄せていたお米は耐寒冷品種のものだったのですが、かなり米質が硬く、通常のコシヒカリですと沸騰後八分で炊けるところ一〇分かかりました。

二分延ばすために、水の量を増やしていったのですが、それだけではうまくいかなかったので、蓋をした時点で強火から中火にして、チリチリ音がするまでの時間を長引かせるようにしたら、とてもおいしく炊けるようになりました。

水を増やしていってもうまくいかないときは、火加減で調整する。すこし手数が増えますが、自在に操ることができます。

お米がおかしい

いわゆる古米臭という酸化した臭い、また新米でも乾燥がうまくいっていなくてカビ臭がするということがままあります。こういった臭いに関するものは、炊き方ではどうすることもできません。これは、味付けでごまかすほかに方法はありません。炊き込みごはんにするか強い味のおかずといただくことです。とくにカレーは最強です。

保管が悪くて、コクゾウムシなどに食べられてしまっていると、お米がぼろぼろになっていてうまく炊くことができません。私はあきらめて小鳥達に召し上がっていただくほかの方法は知りません。

精米に失敗したり、どこかの工程で熱が入ってしまったりして劣化していることもあります。見た目はわからないのですが、炊いてみると割れているものが多く、ふにゃふにゃの水っぽい炊きあがりになってしまいます。

お米自体が劣化しているものだと、炊飯ではどうやってもうまくいきません。高価なものである必要はありませんが、良い状態のものを手に入れるのは、おいしいごはんを炊く最低限の条件です。

糠くさい

精米が足りなかったり、時間がたっていたりすると、糠臭さや酸化臭が出ておいしくありません。お米自体の問題のほかに、糠臭がでてしまうのは、洗米の問題です。きれいに洗えていないのが一番の原因ですが、白く濁った水で洗い続けてしまうのも糠臭くなる原因です。

好みに合わない

これは、とても大切なことです。

柾式炊飯基本編のやり方では硬すぎるという人もいらっしゃいます。やわらかく炊くには、水加減を増やして長く炊くことです。自分の好みにあった水加減を探してみてください。

昨今はなんでも歯ごたえのあるものをよしとする傾向があります。私が眉をひそめるのが、ラーメンなど麺類を火が通っていない状態で食べる風潮です。生の小麦粉を火の通っていない状態で食べるのは、明らかに消化に悪く、悪趣味といわざるをえません。味も粗末なものです。あれを好みだと言い張る人とは話が通じません。

柾式炊飯で炊くごはんは、硬めのごはんの上限に近いところにあります。これ以上の硬さを求めるのは、その人の好みではなく執着、癖でしかないでしょう。趣味ではなく、食事としての味覚を取り戻してほしいと願います。

もっと粘りのあるごはんが食べたいという方もいます。これは、その人の好みです。粘りを強く出すには、沸騰までの時間を長くすることです。はじめチョロチョロなかパッパですね。この炊き方は、電気炊飯器の得意とするところです。ガスで炊いても同じぐらいの時間がかかって面倒ですから、ぜひ電気炊飯器で炊いてください。

ただ、一段階上等の味にしたければ、炊き上がったら保温せずに、お櫃にうつしてあげることです。これだけで確実においしくなりますよ。

第2章

柾式炊飯術
応用編

第1章で紹介した柾式炊飯基本編は、私が**最もおいしいごはんが炊ける**と信じるやり方です。しかし、いろいろな事情でその方法が最善とはならないことがあります。たとえば、お焦げをつくりたくないとか、お米の品種が違うせいかうまく炊き上がらない、ＩＨヒーターで炊くとうまくいかない、などです。

柾式炊飯の中で、外してはならない肝は、沸騰までの時間を四分半以内にすることと、沸騰してから炊き上がりまでの時間は八分が標準、そして焦がさない。それだけです。この範囲に収まっていれば概ねおいしいごはんが炊けます。

第2章では、基本編のやり方が使えない条件で火加減などを調節することでやりくりする方法を紹介します。

お焦げなし炊飯

よく尋ねられるのは、お焦げがあまってしょうがないので、お焦げをなしにすることはできないかということです。たんにお焦げをなしにしてしまいたいのなら、簡単な方法がありまして、蛍火加熱の時間を半分ぐらいにして、その後火を消して一五分蒸らすといいです。ただし、このやり方ですと私が大事にしている米粒の張りが失われて噛み応えがずいぶんとなくなったふやけたごはんになってしまいます。

味をなるべく損ねずに、鍋底にごはんがつかないように仕上げるためには、蛍火に変える時間をだいぶ早くして、蛍火による加熱を長く取るようにすればよいのですが、その加減がなかなか難しいのです。道具による違いなどの検討の余地がありますが、いまのところこのやり方でよいのではという方法を紹介します。

道具

鍋は基本的にフッ素コーティングされたものなど、こびりつきにくいものを使用してください。形状は基本編でおすすめしたものと変わりません。蓋はガラス蓋のほうがよいです。ガラス蓋に蒸気穴が開いている場合は、菜箸などを差してふさいで下さい。

お焦げなし炊飯は、基本編のやり方に比べて、仕上がりに水分が多く残ります。そのため、できるだけお櫃を使ってください。余計な水分を吸い取ってもらいたいのです。

お焦げなし炊飯のやり方

基本編のやり方では、火加減は一度しか変えませんでしたが、お焦げなし炊飯では二度火力を調節します。また、鍋からのサインでは、火力調節のタイミングが計れないので、時間を計って火力調節をします。

お焦げなし炊飯

①米を計量し、鍋に米と水を入れる
②全開の火力で着火する
③沸騰の時間をチェックしてストップウォッチスタート
④沸騰から二分後、蓋を閉め中火にする
⑤蓋を閉めてから一分後、蛍火にする
⑥蛍火で五分加熱し、炊き上がり
⑦お櫃に移して完成

基本編のやり方に比べると、まず蓋を閉めるタイミングが少し早くなります。蓋を閉める時点での水分量が多いので、そのまま強火にしますと吹きこぼれてしまいます。そのため蓋をした時点で火を中火に落とします。蓋をしてから蛍火までの加熱時間はなるべく多くとりたいのですが、煮詰めすぎると鍋にごはんがこびりつきます。基本編のやり方ではこの時間が二分ぐらいなのですが、お焦げなしにするには一分だけにします。ここの時間

07　蛍火で5分加熱する

08　炊き上がり

09　お櫃に移す。鍋底からすくい上げるようにしてよそう

10　そのままお櫃に移す
（鍋底側がお櫃に接するように。通常の移し方のように上下逆にしない）

11　鍋底にお焦げが残らない

お焦げなしの
炊飯術も、
炊き始めてから、
11分で
炊き上がります。

お焦げなし炊飯術

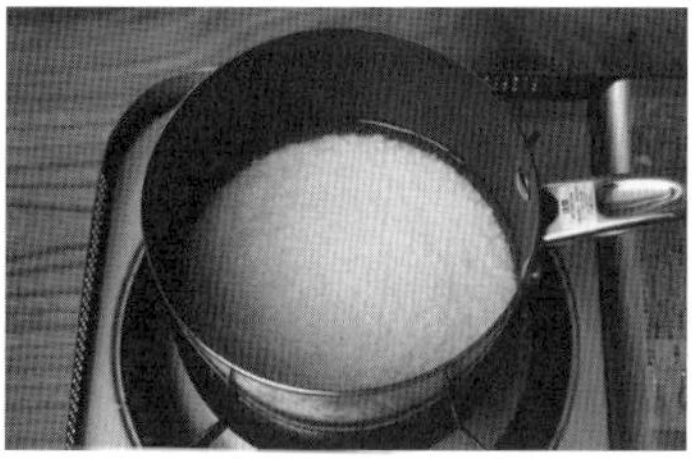

01　ステンレス製の鍋に
ふやかした米を入れて
火にかける。最大火力

02　沸騰

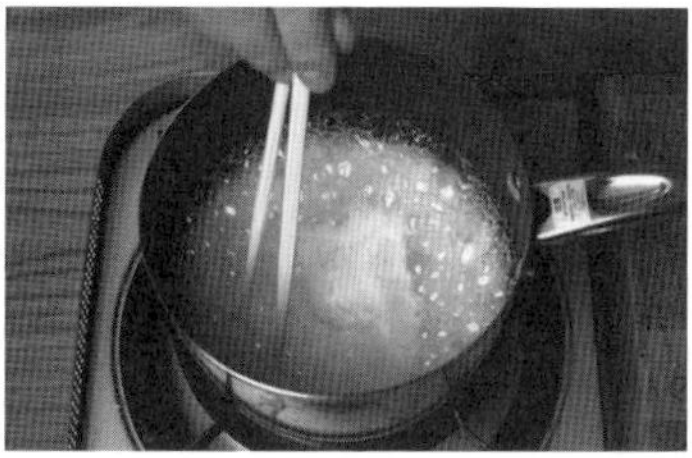

03　沸いてきたら
攪拌する

04　沸騰から2分後に
蓋をする

05　蓋をしたら
中火に加減する

06　中火にして1分後に
蛍火にする

を短縮した分を蛍火の加熱を長くとることで補います。

お櫃への移し方

フッ素コーティングの鍋を使用すると、本来鍋底に貼りつくはずのごはんも、こびりつくことなく取れます。しかし、鍋底のごはんは焼けて硬くなってしまいますので、ごりごりとした食味の悪いごはんが混ざってしまいます。基本編でフッ素コーティングの鍋を不可としたのは、そのような理由があります。

お焦げなし炊飯法はこのごりごりの硬いところが可能なかぎりできないように炊くやり方です。しかしこの方法でも、鍋底にこびりつくはずの硬くなったごはんをゼロにすることはできません。そこで、鍋からお櫃に移すときに、**鍋底の硬いごはんがお櫃の下になるように盛って**ください。硬いごはんが全部うまってしまうようにするのです。そうしますと、蒸らされて硬いところがある程度やわらかくなりますので、違和感なくおいしく食べられるようになるのです。

修正のポイント

お焦げなし炊飯は、おいしく炊き上がっていることはもちろんですが、きちんと鍋底の硬いごはんができないように炊けているかも重要なところです。鍋底の硬いごはんが厚くなってしまう場合は、まずの水の量を増やしてください。

ところが、鍋底の状態はうまくいくようになっても、今度はごはんの仕上がりがやわらかくなってしまうという事態が起こることもあります。そのような場合は、水の量は変えずに蓋をするタイミングを早くしてみること、それでもうまくいかない場合は蓋をしてから蛍火にする時間を早くしてみることを試みてください。

蛍火にする時間を早くした場合は、その分の時間プラス蛍火の加熱時間を長くすることを忘れないでください。

少量の炊飯

一人暮らしの方など、一度に炊く量を少なくしたい方も多いと思います。どれぐらい少量で炊けますかと聞かれることも多いですが、私が試しにやってみたところ浸漬米〇・五合で炊いても問題なく仕上げることができました。生米で〇・四合、お茶碗に軽く一杯の量ですから、これ以上少なく炊く必要はないでしょう。

少量で炊く場合は、普通のコンロでは火力が大きすぎます。小さい火のコンロがあればよいですが、ない場合には全開の火ではなく、鍋に応じた火力に調節する必要があります。これは炊く人の感覚に頼るしかありません。

鍋は、できるだけ小さいものを使用するほうがよいです。大きくても一五センチメートル、できればミルクパンのようなより小さな鍋がおすすめです。

また量が少ないだけに、お焦げを作ってしまうとごはんがだいぶ少なくなってしまいますので、お焦げなし炊飯で炊くことをおすすめします。

浸漬米一合ぐらいの少量で炊く場合は、着火から一分半かそれより短い時間で沸騰しますが、私の経験上、沸騰までの時間が短すぎてうまくいかないということはありません。そして、沸騰してから炊き上がりまでの時間は通常の量の炊飯と変わりありません。標準ですと、沸騰から炊き上がりまで八分ですから、着火から完成までが九分ほどでできてしまうのです。

大量炊飯

炊飯教室で地方にでかけたときに、うちは食べ盛りの子供が何人もいて一度に二升ごはんを炊きます、という方がいました。すばらしいです。この場合、一度に二〜三合ずつ炊くやり方ではまったく役に立ちません。

たくさんごはんを炊くときの問題は、着火から沸騰までの時間がかかりすぎてしまうところです。着火から沸騰までの時間はどんなに長くても五分以内（基本は四分半以内）にするのが、柾式炊飯で重要なポイントですが、一升（一〇カップ）炊くには沸騰するまで一〇分以上かかってしまします。

一般的な家庭のコンロですと、浸漬米四合（四カップ）までならふつうに炊けます。火力が少し弱いと四合も少し難しくなります。そのときは、**始めから蓋をして着火し、沸騰したら一度蓋を外して、再度蓋をする**というようにしてください。蓋をしておけば、沸騰までの時間が少し早くなります。

それ以上の量になると、もう蓋をする程度のことではどうにもなりませんから、思い切った方法をとります。

計量した浸漬米を鍋に入れたら、基本どおりの水量の**熱湯**を米の上に注ぎ、あとは基本どおりの炊き方で炊きます。火力が強めのカセットコンロなら、一升炊きも問題なく仕上げることができます。要は**沸騰までの時間を短くする**ことが大事なのです。

ＩＨヒーターによる炊飯

炊飯教室でいちばんの悩みが、ＩＨヒーターを使った炊飯法を聞かれることです。もちろん炊くことはできますが、少し難しくなることを覚悟してください。

ＩＨヒーターには長所も短所もあると思いますが、ごはんを炊くにあたって決定的に弱点となることが二点あります。ひとつは、熱が発生する場所が細い円形のラインに集中してしまうために、とても焦げやすくなってしまうことです。もう一点は、なぜかお湯が蒸発しにくいという点です。見た目はぐらぐらと沸いていていても、鍋全体は沸いていないような感じで、ガスの感覚で炊いていくといつまでたってもお湯が減らず、やわらかいごはんになってしまいます。この二つの特徴を理解すれば、うまく使いこなすことができるはずです。

まずは水の量ですが、水加減の基本公式の蒸発量のところ「＋一〇〇cc」を「＋一二五cc」にしてみてください。ＩＨ炊飯は基本編のやり方に比べてかなり弱火で炊くことになるので、蒸発する水の量がとても少なくなります。

次に火加減です。ＩＨ炊飯の場合は、お焦げなし炊飯法と同じように、強火でスタート→蓋閉めと同時に中火→蛍火と二回火加減を調節します。問題は、火力レベルのどこが強火でどこが中火かということなのですが、これはその機械ごとに変わってきますので、ここで正解を書くことはできません。便宜的に、二・五キロワットのヒーターで火力レベルが八段階あるもので試した例を示しますので、これを参考にそれぞれの機械にあった調節をしてください。同じ火力、目盛でも、メーカーによって異なりますのであくまでレベルの数字は参考です。

また使用する鍋ですが、基本法では熱伝導の良い鍋をおすすめしましたが、ＩＨの場合は反対に蓄熱性の良い（＝熱伝導の良くない）ル・クルーゼのような鍋がおすすめです。弱い火力を有効に使いたいためです。

ＩＨヒーターによる炊飯

①鍋に浸漬米と水を入れ、 蓋をしてレベル６でスタート
②沸騰したら蓋を外す
③お湯が少なくなってきたら蓋をしてレベル４にする
④鍋底がチリチリしてきたらレベル２にする
⑤レベル２で三分半加熱したら炊き上がり

飯盒炊飯

炊飯教室では参加者に鍋を持参してもらいます。「どんな鍋でも工夫次第で必ずおいしく炊けます」とうたっているのですが、あるとき出てきたのがキャンプ用の飯盒《はんごう》でした。飯盒の特徴は、とても薄いために焦げやすいことと、蓋の密閉性が高いために吹きこぼれやすいこと。そこで蓋閉めの時点で蛍火に落とす必要があります。

飯盒炊飯

①飯盒に浸漬米と水を入れ、蓋を外して全開の火でスタート
②沸騰したら中火に落とす
③湯が減ってきたら蓋をして蛍火にする
④沸騰してから八分後まで加熱して完成（蛍火加熱の時間は五分ぐらい）

フライパン炊飯

炊飯教室のときによく見かけるのがフライパンを持って来られる方です。まったくおすすめではありませんが、もちろんフライパンでも炊くことはできます。パエリヤのようにたくさんの具を広げると見栄えがよくなりますから、パーティーのときなどは楽しいでしょうね。キャンプのときなどはなるべく道具を少なくしたいですから、フライパンひとつでなんでもできると便利です。

注意する点は次の二点。鍋底面積が広いので、お焦げなし炊飯で炊くことをお勧めします。それから水位が低くなりますので、アルミホイルで落し蓋をして炊いてください。沸騰してから八分の加熱が守れていれば大きな失敗はありません。

炊き込みごはん

炊き込みごはんの実例は第4章で紹介します。

炊き方は白米とまったく変わりません。ひとつ問題があるのが、調味料が入っているため、鍋底についたごはんがそのあと蛍火で加熱し続けてもはがれないということです。ですから、炊き込みごはんはお焦げなし炊飯法で炊くことをお勧めします。

また、柾式炊飯は加熱の時間が短いので、短時間では火が通らない具材はうまくいきません。たとえば栗ごはんですが、まるごとの栗を生の状態で炊いても火が通りません。下ゆでをするか、小さく割って炊くかの工夫が必要です。

第3章

柾式
出汁取り術

あした日本料理が上手になるには

日本料理は難しいとよく聞きますが、私はこんなに簡単な料理はないと思います。調理自体は、切ったり煮たりするだけですし、複雑な工程や手間のかかるものも少ないです。見た目美しく豪華なおもてなしの料理をつくろうとすれば、大変かもしれませんが、日常的においしいものをつくるという点では、ほとんど料理ともいえないような単純なものです。プライベートで四川、インドネシア、ベトナム、イタリアなどの料理をつくったりしますが、下ごしらえや材料を揃えるのもとても大変です。

日本料理が難しいと感じるのは、調理自体がとても原始的ゆえに、食材がおいしくないとどうにもならないか、出汁《だし》や調味料がきちんとしたものを使わないとどうしようもないぐらいおいしくないことになってしまうからだと考えます。

食材については、本当は野山で野菜をとってきてくださいとか、海で魚をとってきてくださいと言いたいところなのですが、そして本当はそれこそが**日本料理の真髄**だと私は考えるのですが、それは多くの人には望めないことです。

調味料については、上等な本物を求めてほしいのですが、ただ高いものを使えばよいのではありません。味について、自分と向き合っていけば、求めるものとの出会いがあり、自ずと台所に良いものが整ってくるはずです。

さて、あした日本料理が上手になるにはどうしたらいいかといいますと、それはとても簡単なことです。**良い出汁をひけばいい**のです。手間をかけて昆布出汁をひいて、かつお節を削って取った出汁があれば、ほどほどの野菜なども簡単にしっかりとおいしい料理に変わるものです。

その出汁を取るのが大変だから、と言われます。たしかに大変です。でも、昆布をお湯につけておいて、かつお節を入れて濾《こ》すだけのことです。よその国の出汁に比べたら日本料理の出汁は驚くほど簡単で時間もかかりません。

それでも皆さんが出汁を取ろうとしないのは、たぶん出汁がおいしくないからではないかと思い、一時期きちんとかつお節を削ってつくる出汁取り教室を続けていました。かつお節を削ることは、道具にもお金がかかりますし、それを趣味道楽と思えないとなかなか日常に取り入れるのは難しいかもしれません。それでも出汁を取ることで料理がとても簡単になり、格段においしくなることを知って、普段から出汁を取る人が増えました。

教室に参加した方に聞くと、それまでに取っていた出汁はそんなにおいしくなかったという人がほぼ全員でした。理由を探すと三つありまして、**昆布とかつお節の量が少ない、昆布出汁がきちんとひけていない、かつお節が臭い**、この三つです。たしかに、それではおいしくありません。

正しいやり方をすれば、家庭でも超一流の料理屋さん以上においしい出汁が簡単にとれます。本当です。

一番出汁の取り方

用意するもの

水：二リットル

羅臼《らうす》昆布：一〇グラム

できるだけ削りたてのかつお節：四五グラム

①水を火にかけ七五度になったら火を止めて、昆布一〇〜一五グラムを入れ、蓋をする

②二〇分したら昆布を引き出して、昆布出汁が完成

③昆布出汁を火にかけ、沸騰させたら火を止める

④荒熱をとった③に削り節を入れる

⑤二分たったら、ザルとキッチンペーパーで濾して一番出汁の完成

昆布出汁をひく

昆布を用意する

昆布にもいろいろありますが、ふつう出回っているものは四種類あります。利尻《りしり》昆布、真《ま》昆布、羅臼昆布、日高《ひだか》昆布です。日高昆布は出汁用としてよりも食べるための昆布と言えますので、三種類の中から選ぶことになります。

・利尻昆布

すっきりとしたきれいな味わいの出汁が取れるが、よい出汁が取れるのは、礼文《れぶん》島、利尻島の一等、二等のものに限られるので、高い。出汁の出がよくないので、使用する量も多く、時間もかかる。

・真昆布

甘い味が特徴。尾札部《おさつべ》や川汲《かっくみ》などの名産地の上物はかなりおいしい。等級が低いものはあまりおすすめできない。

・羅臼昆布

味が強くとにかく味がよく出る。少ない量でしっかりとした出汁が取れる。低等級のものでも味がよい。

私がおすすめするのは、**羅臼昆布**です。デパートやスーパーなどでは、上等なものが多くかなり高いですが、問屋さんから直接買えば、三等ぐらいでも良いものがあります。インターネットで調べられる方はぜひ、富山の四十物《あいもの》昆布のホームページをご覧になってください。

羅臼昆布は、利尻や真昆布に比べて柔らかいことも特徴です。食べる昆布としてもおいしいので、後章で紹介する伽羅煮などにするのにも最適です。

温度と時間

私が料理を習ったころ、昆布は水から入れて火にかけ、鍋肌に泡がついてきたら引き上げるというのが、一般的な常識でした。たしか、二〇〇〇年ごろのことだと思いますが、料理の専門雑誌に**昆布出汁をひく最適温度は六三から六八度**という記事が載り、衝撃をうけたことを覚えています。それ以降、利尻昆布を六三度で一時間という昆布出汁のひき方をする店が増えたと思います。私もその一人です。

従来のやり方ですと、お湯にうっすらと上品な甘さがある程度の出汁でした。正直なところ、ほんとうに昆布が必要なのだろうかと思える程度のものです。しかし、新しいやり方でとると、しっかりとした昆布のうまみが出て、昆布出汁に塩を入れただけでも十分においしいお椀になるほどになります。

昆布出汁がおいしくないと感じるのは、品のない海草臭さとぬるぬるした成分のせいです。その悪いところはだいたい七五度になるとたくさん出てきます。長くつけておいても同じです。温度が低いと悪いところは出にくくなる（時間がかかる）のですが、旨みもでにくくなります。その最適なバランスが六〇度台の温度なのでしょう。

ところがこのやり方をおすすめしても、その温度を維持するのが大変だと言われます。六〇度台を維持できる火加減というのはないので、つけたり消したりを何度もしなくてはいけません。さらに、コンロがたくさんある仕事場で料理をしていると気づきませんが、出汁を取るのに長い時間コンロを占領されてはたいへんです。また、水から昆布を入れて火にかけると、気がついたときには沸騰していた、もういやだ、という人もいます。粗忽な私も身に覚えがあります。

そこで考えたのが、**七五度のお湯を作ってしまい、そこに昆布を放り込んでほったらかしておくという方法**です。ベストとは言えませんが、八〇点ぐらいの十分合格点をあげられるおいしい昆布出汁になります。七五度のお湯を作るには、設定した温度でアラームがなる温度計を用意していただくのが便利です。以前は料理用の温度計はあまり目にすることがありませんでしたし、高価なものでしたが、最近は安価なものも出回っています。持っていて損のない道具です。

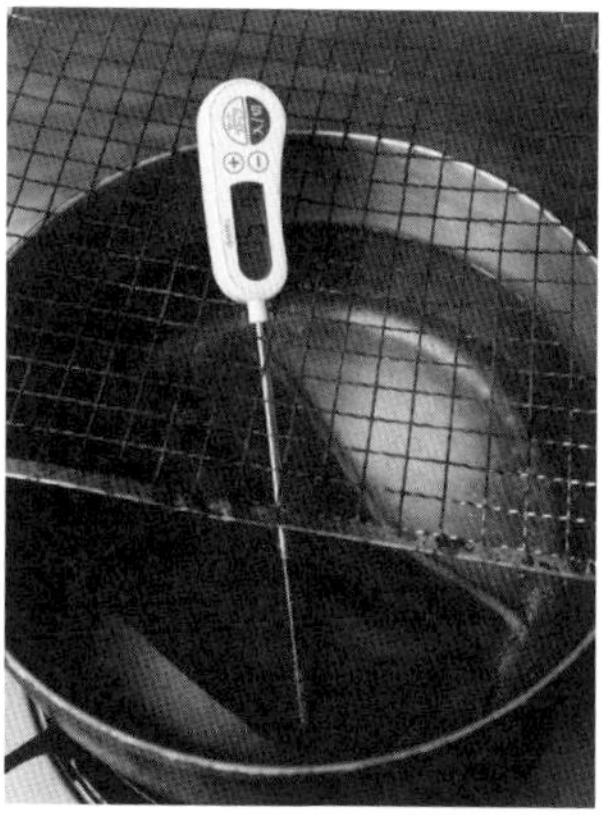

昆布出汁のひき方。75度のお湯に昆布を入れて20分放置する

七五度のお湯ができたら、あとはそこに分量の昆布を入れて待つだけです。なるべく温度が下がるのを遅くしたいので、蓋をしてください。鍋も蓄熱性の良い鍋のほうが良いでしょう。羅臼昆布でしたら、二〇〜三〇分で完成です。

昆布とかつお節の出汁を取る

昆布出汁にさらにかつお節を入れて出汁を取ります。料理屋では狭い意味で「出汁」というと、この昆布とかつお節の出汁のことを言います。最初に取れる出汁を**一番出汁**、さらに出汁がらをもう一度煮立てて取った出汁を**二番出汁**とよびます。

修行に入ったときに、まず一番に驚いたのが、この一番出汁の美味しさでした。すっきりとしているのですが、濃密な甘いお湯のような味わいに、これがプロの味なのかと感激したのです。やり方を間違えなければ、家庭でもそれ以上の味の出汁を取ることができます。

昆布かつお出汁（一番出汁）の取り方

用意するもの
昆布出汁：一〇〇〇cc
削り節：二〇グラム強

①昆布出汁を沸騰させる
②荒熱をとる（九二～九五度）
③削り節を入れて二分待つ
④キッチンペーパーなどで濾す

昆布出汁を鍋にいれて沸騰させます。上に浮く灰汁は取る必要はありません。沸騰した温度でもかまわないのですが、九五度より下げたほうが、かつお節の嫌な味は出にくいです。私の経験上、九〇度ぐらいになってしまうと、かつお節の旨味が出にくくなってしまいます。

削り節を入れたら、二分ほどそのまま待ちます。かつお節の質によっては、二分置くと嫌な味がでてしまうこともあります。そのときは、分量を一・五倍ほど増やして、四〇秒以内にしてください。

出汁を濾すにはキッチンペーパーが良いです。ただし、目の細かいタイプのものですと、すぐに目詰まりしてしまいます。一般的に売られているものでしたら、リードペーパーが良いです。ちょっとしたコツですが、ザルの上にキッチンペーパーをのせたら、その上にさらにザルをのせると、手で押さえずに濾すことができます。

最後、かつお節を絞るかどうかというのは良く聞かれる質問です。絞ると味が濃くなりますが濁りがでます。清汁《すましじる》など澄んだ味に仕立てたいときは絞らないほうが良いですが、味噌汁にしたり、煮物にしたりというときは、絞ってしまいます。

出汁をひく

01 かつお節の出汁をひく前に、
大小のザルを2枚重ねて
その間にキッチンペーパー
を挟み、濾す準備をしておく

02 沸騰したら火を止め
荒熱がとれたら
かつお節を投入する

03 2分間放置する

04 準備したザルを
鍋にセットして、
出汁を濾す

二番出汁を取る

二番出汁の取り方

①一番出汁を取った後の昆布とかつお節にひたひたの水を加え鍋にかける
②沸騰したらそのままぐらぐら五〜一〇分ほど煮立てる
③ザルで濾す

一番出汁を取った後の出汁がらは、まだもう少し味が出ますので、二番出汁を取ります。二番出汁は最後のひと絞りまで旨味を出し切りたいので、ぐらぐら煮立ててしまいます。そのままでは味が薄いので、使うときはさらにかつお節を加える、追いかつおという方法で旨味を濃くして使います。

ここでは、二番出汁を利用して作るめんつゆと土佐酢を紹介します。とても簡単なうえどちらも保存が利き、冷蔵庫に入れておくと、いろいろな料理に活用できますので、とてても便利です。

出汁をひいた昆布とかつお節を
ひたひたの水（約1L）に投入し10分ほど
弱火で煮立てると二番出汁が取れる

めんつゆの作り方

めんつゆの作り方

分量：二番出汁6　醤油1　本格みりん0.6

①分量を合わせて鍋にかける
②沸騰したら火を止め削り節を一つかみ加える
③しばらく置いてザルで濾す

分量は、量でなく割合で書きました。取れた二番出汁の量に応じて、調味料を計ってください。

本格みりんという耳慣れない材料が出てきましたが、みりんにはいくつか種類がありま す。まずは、みりん風調味料ですが、酒として扱われないため酒税がかからない分安く手に入れることができます。みりんのような味を合成した液体のものと、本物のみりんに塩を入れて飲めなくしてあるものがあります。合成のほうは、論外の味ですのでおすすめできません。塩が入っているものは醤油を使う量を少し減らすと良いでしょう。

酒類として売られている、いわゆる「本みりん」にも種類があります。その中でも、**原料がもち米、米こうじ、焼酎で作られているものが、本物のみりん**です。私はこれを本格みりんと呼んでいます。薄っぺらい本みりんとは、濃度や香りがまったく別物です。

ふつうの本みりんを使う場合は、分量のみりんは1にしてください。

めんつゆは、そのままめんつゆとして使うのはもちろんですが、茹でた野菜にかけるだけでおひたしになりますし、大根などの生野菜を一晩つけておけば漬物になります。倍ぐらいに出汁でのばしてやれば、あたたかいかけそばの汁や煮物の出汁にもなります。

土佐酢

土佐酢の作り方

分量：二番出汁6　うす口醤油1　本格みりん1　酢1

①分量を合わせて鍋にかける
②沸騰したら火を止め削り節を一つかみ加える
③しばらく置いてザルで濾す

酸っぱい味が好きな人なら出汁を3、苦手な人なら8ぐらいにすると良いでしょう。8だと飲める酢の加減になります。

海草や茹でた野菜にかければ、良い加減の酢の物になります。濃い味で作っておいて、オイルを加えれば、上等なドレッシングです。フライパンで薄切りの肉を焼いたところに土佐酢をかけて煮詰めると、良い味になりますよ。

かつお節を削る

本節と荒節

削り節が売られるようになってから、本枯れ節（本節）という硬いかつお節があまり作られなくなりました。本節は、燻《いぶ》して干してをくり返してできた荒節《あらぶし》という状態から、さらに何度もカビ付けをして発酵させたものです。カビが成長するときに、かつお節の中の水分を排出し、余計な味を分解して、硬くきれいな味になったものが本節なのです。

本節は世界で一番硬い食べ物と言われるそうですが、削るには手作業か特殊な機械が必要で、ふつうに売られている削り節は、荒節を削ったものです。荒節の削り節で取った出汁でもおいしいですが、やはり本節のきれいな味わいには遠く及びません。

お店に食べに来る人で、かつお節の出汁が嫌いですという人に会うと、少しうれしく思うこともあります。それは、ほとんどのかつお節で取られた出汁が削りたてのものではなく、酸化して臭くなってしまったものだからです。そういう人に、削りたてのかつお節でとった出汁を味わって驚いてもらうことは、料理屋を続けているひそかな楽しみだったりするのです。

削り節を買うときは、ぜひ一度に使いきれる少量のパックで手に入れることをおすすめします。窒素を充填して酸化を防いでいるうちはまだ良いのですが、開封するとすぐに酸化してしまいます。正直なところその日ももたないぐらいです。酸化したかつお節で取った取立ての出汁よりも、開封したてのかつお節で取った出汁を保存したもののほうが、味が悪くないと思います。

それでもやはり、すこし大変でも自分で削ったものを使ってほしいというのが、私の願いです。一流の料理屋さんでも自分で削るところは多くありません。でもその労力が報われる味になることは約束します。

かつ箱（かつお節削り器）

かつお節が削られなくなってしまった原因のひとつが道具の性能だと思います。よく売

本枯れ節を40グラム削る

られている数千円の鉋《かんな》ですと、削るのがかなり大変です。修行時代、本節を削る仕事はほんとうに嫌でした。自分の店を持って、本職の大工さんが使うような鉋を誂えたかつ箱を買ってみたところ、あまりにも簡単に美しく本節が削れるので感動しました。

このような道具があれば、もっとかつお節を家庭で削る人が増えるだろうと思います。確かに高価なものですが、まっとうな道具屋さんで買えば二万円前後で入手できます。一生使うことのできる本物の道具の値段とすれば、たいへんに安い買い物に思えます。

メンテナンスはとても重要です。台の狂いの直しと刃の研ぎ直しをしてくれるところからぜひ購入してください。

かつ箱の使い方で難しいのが、刃の調整です。これは自分でできるようになる必要があります。うまく削れないという人には持参してもらうのですが、まず間違いなく刃が出すぎているのです。根気良く木槌で叩いて**新聞紙一枚分だけ出す**加減にできれば、きれいに削れるはずです。

本節を削る

本節は周りにカビがついていますので、乾いた紙などで拭き取ります。水で洗うのは厳禁です。

かつお節を削る

かつお節には筋の目があります。逆目で削ると、けば立ってしまい、きれいに削ることができません。頭を手前、尻尾を向こうにして削れば、全体の三分の二ぐらいを順目で削ることができます。といっても難しく考えずに、削った面がささくれていたら反対向きに削るぐらいの気持ちでかまいません。

削るこつは、とにかく刃を出しすぎない、かつ箱が動かないようにかつ箱のふたを壁との間に置きつっかえ棒にする、利き手の手のひらをぴったりと当ててやることです。削り始めの表面のところは必ず粉になってしまうので気にしないでください。きれいな面が出てくれば、きれいな削り葉がとれるようになります。

削り面が大きくなると削るのが難しくなるので、角度を変えたり、削る場所をずらして新しい小さい面をつくってやれば削りやすくなります。

武道の稽古のつもりで取り組めば、上達する喜びを味わえるかもしれません。

第4章

ごはんの料理ごはんのおかず

炊き込みごはん

炊き込みごはんの炊き方は、白米とまったく変わりません。水の代わりに出汁を入れて味をつけるだけです。

ひとつ違う点は、出汁や調味料が入るため、鍋底に貼りついたごはんが蛍火にかけておいても剥がれずお焦げをとることができないことです。貼りついたごはんが無駄になってしまうので、お焦げなし炊飯法で炊くことをおすすめします。

私は炊き込みごはんの具材に応じて味付けを次の三種類に分けています。

昆布出汁と塩……上等な野菜や刺身で食べる白身の魚

昆布出汁と醤油……骨や皮のついた鮮度のよい魚

昆布かつお出汁と醤油……味や香りの薄い野菜、雑味のある魚、肉

昆布出汁と塩の炊き込みごはん

たけのこごはんを炊くとき、お店を始めたばかりのころは、昆布とかつお節の一番出汁と醤油で炊き込みごはんをつくっていました。たけのこにはえぐみがありますから、その角をまるめるようなしっかりとした味付けが必要でした。

あるとき、京都の大枝《おおえ》という産地から白子筍とよばれる、とても大きくしかも地中にすべて埋まっていて色肌の白い極上のたけのこを取り寄せることになりました。このたけのこの特徴は、柔らかく、甘く、香りが良く、えぐみがとても少ないことです。とくにその香りは栗のような淡い芳しさがあるのですが、いつものように調理するとかつお節と醤油の味が邪魔になってしまうのです。そこで、昆布出汁と塩だけで味付けしてみたところ、これがとてもうまくいき、このたけのこでなくてはできない味に仕上がったのです。

かつお節はいくら削りたての最上等の本節であっても、発酵食品ならではの癖というか雑味がややあります。その雑味を埋めるには、塩だけでは足りないので醤油を使います。ですから塩味で料理するときには、昆布出汁でというのが私の料理の基本です。

では、塩だけで味付けするものがどういうものかといえば、**素材そのものに補うところのない味がある**ものです。よく素材の味を生かしてといいますが、素材そのものがそれほどではないものを生かしてしまえば、それほどではない料理になります。素材が素晴らしければ、過度の味付けは素材を殺してしまい、たとえおいしくてもその素材だけがもつ味は伝わらなくなるのです。

この炊き込みごはんに向いている食材は、味がしっかりとしていて甘さと香りのある特別な野菜です。本書で調理例として紹介したのは、山形県鶴岡市白山地区のだだ茶豆です。と言いたかったのですが、撮影時には入手できなかったので、ふつうの枝豆にとうもろこしを合わせて補いました。とうもろこしと枝豆の相性はとても素晴らしいので、ぜひお試しください（炊き込みごはんの写真は一四二頁に掲載）。

お店では、白子筍のほかに、自然薯《じねんじょ》のむかご、きくいも、百合根、うすいえんどう、しば栗などが手に入ったときにこの味付けにします。お店では出さないのですが、お刺身にするのにあまった白身の魚もこの味のごはんにするとおいしいものです。あまり脂の強くないものが良いですね。

味付けは、浸漬米一合に対して塩一つまみです。一つまみの量は難しいかもしれませんが、私は丼一杯のごはんに塩をかけて食べることを思い浮かべて塩をつまみます。

とうもろこしと枝豆の炊き込みごはん

①とうもろこしは皮付きのままラップをして一〇分ほど蒸かす。
②五センチ幅ほどの輪切りにし、包丁で桂むきの要領で粒をばらす。
③枝豆は塩茹でし、鞘から豆を取り出す。
④浸漬米三カップに昆布出汁四〇〇cc、塩三つまみ、とうもろこし適量を入れ着火する。
⑤途中、蛍火に落とすタイミングで枝豆を加え、炊き上げる。

昆布出汁と醤油の炊き込みごはん

醤油を使う料理のときはその反対です。醤油はかなり強い味と香りの調味料です。昆布出汁を醤油味にすると、昆布だけの味の土台では醤油の重さに耐えられません。中身にすいぶんと空っぽのところがあるような味になってしまいます。醤油味にするにはもっとしっかりとした味が必要です。

臭みのない鮮度の良い魚を炊き込みごはんにするときは、昆布と醤油の味付けにします。魚から出る出汁が昆布との相乗効果でしっかりとした味になるので、醤油の味の土台になります。また、いくら鮮度の良いものでも、頭や骨周り、脂肪には、そのものを味わうには強すぎる味があるので、醤油の香りがほしくなるのです。もし、塩味にするのであれば、魚をこんがりと焼いてから炊いてあげれば、焼き目の香ばしさで癖を殺すことができます。

本書で調理例に出した料理は、メイチダイの頭を使った炊き込みごはんです。頭の大きな魚は、身をお刺身にして頭を炊き込みごはんにすることが多いです。私は釣りが大好きで、週に二回ほど船釣りに行くのですが、そのとき釣ってきた小魚を丸ごと何匹かいれた炊き込みごはんは、しみじみと深い味わいです。とくにカサゴや小さなアマダイでつくるごはんは、炊き込みごはんの最高峰ではないかと思います。

みなさんに喜ばれるのは、夏のアユですね。アユの場合、腹わたをいれたまま炊き込みますので、こんがりと焼いて、なおかつ醬油も入れる念のいれた味付けにします。蛍火にするタイミングで魚を取り出し、蛍火加熱をしている三分間で必死に身をほぐして、ごはんが炊き上がったら混ぜ込みます。腹わたはよけてしまって、ごはんには混ぜないようにします。

アユを塩焼きにするときは、どこの川だとか、どうやって獲ったのかだの、大きさはこうでとか、あれこれとうるさい注文をするのですが、ごはんにするときは、鮮度さえ悪くなければどこのアユでも良い味になります。店の常連のスズキさん（仮名）は、ご自身でよく料理をされるのですが、アユの炊き込みごはんもこのやり方で、スーパーで買った養殖のものでもそこそこの味になるそうです。

味付けは、浸漬米一合に対して醬油五ccです。

メイチダイの炊き込みごはん

①鯛の頭は熱湯にくぐらせてから流水にとり、表面のぬめりと鱗を掃除する。
②浸漬米三カップ、昆布だし四〇〇cc、醤油一五ccの上に鯛の頭を乗せて炊き上げる。
③蛍火に落とす直前に頭を取り出しほぐしておき、炊き上がりにほぐし身を混ぜ込む。

昆布かつお出汁と醤油味の炊き込みごはん

味の薄いものと、味が多く癖のあるものを炊き込みごはんにするときは、昆布とかつお節で取った味の濃い出汁で炊き込みごはんをつくります。出汁の味が強いので、味付けも醤油でしっかりとつけます。

素材に力がない、薄っぺらい味のものにしっかりとした味をつけるというのは、誰にでもわかりやすい理屈だと思います。味が強いものに、濃い味つけをするというのはわかりにくいかもしれませんが、味の幅が太いものにはそれに見合った味の濃さが必要になります。反対に素材に力があり鮮度のよいものは、味の幅が細くて強いので、味付けはほとんど要らなくなるのです。

味が多くて癖のあるものとは、人によってそれぞれでしょうが、私にとっては普通に手に入れる肉類はみなそうなりますし、鮮度の落ちた魚もそうなります。普通に流通しているものはほぼ、味が薄いか味が多く癖のあるものの範疇にあります。誤解がないように説明しますが、癖とは素材がもっている個性のことではなく、本来あるべきではない味のことです。

この味の炊き込みごはんを作るときは、具材の数を増やすようにしたほうがよいです。単体では問題のある食材も、いろいろなものを組み合わせることで、角をなくし全体でおいしい味にまとまります。いろいろなものを乗せるには、大きな土台が必要なので、かつお節の出汁を使うのです。

さて癖のあるものの**癖とは、多くの場合臭みのこと**で、臭みをいかに感じなくするかが料理の鍵になります。臭みは消すことはできません。あるものはなくなりません。しかし隠すことはできます。このときに、必ず入れておいた方がよいお助けマンがごぼうです。とくに臭みに対しては、何よりもごぼうが効きます。生姜も臭みにはよく効きますが、火を入れてしまってはだめです。炊き上がりに、針生姜かおろして絞ったつゆ生姜をかけてあげると、臭みを覆い隠すことができます。それからスパイスとハーブですね。和食ではあまり種類がありませんが、山椒、大葉は決定的な仕事をします。それに、ねぎ、みょうが。何もないところに香りを生み出したり、臭いを香りで覆い隠す、料理上手の技ですね。

油が入っていることも、しっかりとした味に仕上げるのに大事なポイントです。肉や魚に脂があるときは必要ありませんが、具材に脂気がないときの昔からの定番が油揚げです。

なるべく細かくして見えないようにすると全体との馴染みがよくなります。

味つけは昆布出汁のときよりも少し強くするほうが良いでしょう。昆布出汁だけのときは浸漬米一カップ（一八〇cc）に対して醤油五ccでしたが、かつお節の入った出汁では七ccぐらいにします。

鶏肉とごぼうの炊き込みごはん

①鶏腿肉は細切れにし、塩をしてから熱したフライパンで焼き目をつけておく。
②ごぼうは笹がきにする。
③浸漬米三カップ、昆布かつおだし四〇〇cc、醤油二〇cc、鶏肉、ごぼうを入れて炊き上げる。

雑炊とおじや

雑炊とおじやは日本語では同じものなのですが、料理屋の言葉では少し違う料理を意味します。お椀に盛ったときに、**汁が張ってあるものが雑炊で、汁が張っていない状態のものがおじや**です。ちなみにお茶漬けは、お茶でなくて出汁の場合でもお茶漬けと呼びまして、雑炊が鍋の中でごはんを一煮立ちさせたものに対して、お茶漬けはお茶なり出汁なりを上からかけたものになります（雑炊とおじやの写真は一四三頁に掲載）。

冬になるとふぐやあんこうを鍋にするのですが、その後の出汁でいただく雑炊は格別ですね。私の店ではコースの料理の最後に出す炊きたてのごはんがなによりのご馳走だと考えているのですが、せっかくの炊きたてのごはんを出汁でふやかしてしまうのは、もったいないというか惜しいという気持ちがありました。

しかし、いざやってみると、この炊飯ならではの張りがありしっかりと粒立ちが残る雑炊に仕上がり驚いたのでした。

雑炊の作り方

　雑炊は煮立てた出汁の中にごはんを入れて、もう一度煮立てるだけの料理ですが、丁寧につくるとひとつ違ったものになります。出汁は鍋料理の後のものを使う場合、キッチンペーパーで濾して濁りを取ります。味が煮詰まっているようでしたら、水を足して調整します。水で薄めるのではなく、**水という出汁で味を調える**という捉え方をすると、味をみる感覚が澄んでくるでしょう。塩加減は、お吸物の味よりもごはんが入るぶんだけ濃くします。

　ここでお焦げを作ってあったら、細かく砕いて出汁に入れ少しふやかしておきましょう。焼き目の香りが薬味の代わりになります。ごはんは入れる前にもう一手間、ザルにごはんを入れて水で洗ってください。出汁が濁らず、さらっとした仕上がりになります。

　しっかり水を切ったら出汁の中に入れましょう。大事なのは出汁に対するごはんの分量です。煮立てると意外と米が吸ってしまって出汁が少なくなってしまいます。ごはんを入れる量を出汁の水位の半分ぐらいにすると、しっかりと出汁が残ります。一煮立ちしたら最後に味を決めるのを忘れずに。

おじやの作り方

柾式炊飯で炊いたごはんでつくるおじやは、ごはん粒が煮崩れることなく、くっきりと粒立ちが残るリゾットのような料理になります。鍋で作っても良いのですがフライパンで作ると一気に出汁を煮詰めることができるので、よりしっかりした粒を残すことができます。

フライパンに出汁を煮立てたら味付けをします。あとで煮詰めた時に味が濃くなってしまったら直せませんので、ここではやや薄めにしておきます。味がついたらひたひたになるぐらいにごはんを入れます。雑炊とは違ってごはんは洗いません。粘りを使いたいからです。ここから強火で一気に煮詰めます。

八割方煮詰まってきたら、ごはんから出る粘り気をつなぎにするように木べらで混ぜていきます。少し汁気が残っているところで火をとめ、最後の味を決めていきます。チーズや卵を使わなくても、ごはんから出る粘りでつなぎをつくることができるので、コクがあってもあっさりと仕上がります。鍋料理のあとは半分を雑炊、半分をおじやにすれば、一度に二つの味が楽しめます。

おじやにする出汁はなんでもよいですし、具をたくさん入れてももちろんかまいません。メインになるようなご馳走の一品にすることもできます。味もまったく和食にこだわる必要はありません。ラタトゥイユ、ボンゴレ、トムヤムクン、チキンマサラなどなど、思いつきでいろいろな味にすると楽しいですよ。

お焦げの料理

お焦げは焼き上がりに、塩を振ってパリパリ食べるのが美味しいですが、お茶漬けにするのもオツなものです。濃いめ渋めに入れたお茶か熱々の出汁を注いで、梅干しや海苔と召し上がってみてください。私はお茶には梅干し、出汁には海苔が好きですね。

お焦げを毎回食べきるのはたいへんでしょう。湿気させないようにすれば、保存しておくことができます。ただし、一度冷めてしまったものはそのままでは硬くて歯が立ちません。私がよく食べるのはお焦げ粥です。たっぷりのお茶か出汁を鍋に沸かし、お焦げを入れます。一煮立ちさせたら火を止め、蓋をして一五分ほどおいておきますと香ばしいお粥のできあがりです（お焦げの梅茶漬けの写真は一四三頁に掲載）。

中華料理のお焦げ料理のように、高温で揚げてあんかけにしてもいいですね。コツはしっかり高温で揚げることです。天ぷらぐらいの温度では、米粒が膨らまずガリガリになってしまいます。

ごはんのおかず

ごはんという食べ物は、甘くてエネルギーの強いものだと、私は考えています。ですから、**ごはんと一緒に食べるのは、甘い味付けをしていない野菜や魚がよい**と思うのです。若くて元気な体のころは、なんでも来いでしたから、脂っこい肉でもりもりごはんを食べたものです。体が弱ってきてやっと気づいたのですが、これは体にはおそろしく負担がかかります。お肉を食べるときには野菜だけにしてごはんは食べない、ごはんを炊くときにはごはんをご馳走にしてお供は粗食にする、こういう食事にしてみたところ体がずいぶんと楽になりました。

粗食でごはんを食べるのに絶対に必要なのが、ごはんがとてもおいしいということです。ふつうにおいしいのでは、もの足りません。とてもおいしいごはんでなければいけません。もう一つ、とてもおいしいごはんの相手は、買ってきたものではだめです。売っているものの味は、ごはんの味を殺してしまうのです。

伽羅煮《きゃらに》

お醤油で辛く煮しめた味は、ごはんがよくすすみますね。ただ、市販のものを購入するとどうも甘さが強くて敵いません。そもそもごはんは甘い食べ物なのに、甘い味のおかずではごはんがすすまないと、私の身体がいうのです。そうはいっても甘さをなしにしてしまってはただ塩っからいだけです。甘さと塩辛さの塩梅が大事なところです。

私は料理に砂糖もみりんも使いません。淡い味つけのときは素材の甘さだけで十分ですが、煮付けなどお醤油を入れる料理の時には甘さが必要ですので、甘さの調味料はお酒を煮詰めて使います。お酒は甘みがおとなしいのでくどくなりません。もうひとつ使う技が、お酢を煮詰めることです。煮切ってしまえば酸っぱさが消えて、嫌味のないコクがでます。

どんこ椎茸は冷蔵庫で一日かけて戻します。昆布は羅臼昆布の一番出汁をひいたあとのものでかまいません。おすすめなのが新生姜。ピリッと辛い味にごはんが引き立ちます。

伽羅煮

材料

＊干し椎茸
＊昆布
＊新生姜
＊酒
＊酢
＊二段仕込み醤油
（なければ濃口醤油）

※材料は、1種類でも
複数種類でもお好みで。

※お酒に火がつくと
燃え上がって危険です。
アルコールが飛ぶまでは
弱火にしてください。

作り方

1 干し椎茸は水で戻す。昆布は一番出汁で使ったもので可。新生姜は洗って皮はむかない。

2 材料が被るぐらいの酒と酒1カップに対し小さじ1ぐらいの酢を入れて弱火にかける。

3 酒のアルコールが飛んだら、醤油を入れる。ここでは、あまり濃い味にしないこと。

4 3分の1ぐらいに煮詰まってきたらさらに醤油を加える。

5 照りが出るまで詰め上げて、味を調えたらできあがり。

油炒り

油のものとごはんは、こたえられない相性がありますが、ごはんも油もとなると、メタボリック体型の私にはカロリーオーバーになってしまいます。それでも、野菜に少しの油でしたらあまり気にしなくても良ろしいかと。

定番のきんぴらごぼうですが、ごぼうの甘さと香りが出てくるまで、じっくりと炒めると上等の味に変わります。あまりかき混ぜずに、弱火で焼き目がつくまで、じんわりと炒りつけてあげます。濃い味付けにしなくてもおかずになります。

大根葉は一番好きなごはんのお供です。強火でぱらっぱらになるまで水分を飛ばしてやります。歯ごたえもよくなりますし、日持ちもするようになります。

なすも水分がなくなるまでよく炒って、調味料をいれたらさっと煮詰めます、仕上がりに削り節をまぜて。実はスリランカ料理屋さんでいただいたのを真似た味です。

きんぴらごぼう

材料

*ごぼう
*油
*醤油
*酒
*好みでみりん

作り方

1 ごぼうを好みの大きさに切る。

2 鍋に油を敷き、ごぼうを並べる。

3 弱火でじっくりと色づくまで焼く。

4 適量の酒を入れ、煮立ったら醤油を入れる。

5 火を止める直前に香り付けの醤油を入れて、できあがり。

大根葉

材料

- *大根の葉
- *酒
- *醤油

作り方

1 大根葉は葉先を落とし、柄のところをみじん切りにする。

2 フライパンに油を敷き、炒める。

3 パラパラになるまでしっかり炒めたら酒、醤油を入れる。

4 調味料を煮切ったらできあがり。

なすの油炒り

材料

*なす
*油
*酒
*油
*かつお節

作り方

1 なすは、半割りにしてから斜め薄切りにする。

2 フライパンに少し多めの油を熱してなすを炒める。なすの水気が飛ぶようにしっかりと炒める。

3 いったん火を止めてから、酒と醤油を入れて火にかける。

4 水分がなくなるまで炒り上げたら、仕上げに醤油一差しとかつお節をまぶしてできあがり。

魚のしめもの

サバに塩をするときはベタ塩とか強塩といってべったりと塩をまぶします。魚の大きさや脂の強さに応じて、塩の時間は一時間半から八時間。ふつうに手に入るものでしたら一時間半ぐらいで良いでしょう。お酢につける時間は一時間半が標準です。お酢から上げて翌日が食べごろです。

アジはふつう皮を剥いでしまいますが、お酢で柔らかくしてやれば皮ごと食べられ、皮際のおいしい脂を余すところなくいただけます。バットに綺麗な空気の闇夜の満天の星ぐらいの塩をして、三枚におろしたアジを並べて上から同じ分の塩を振り、三時間以上おきます。お酢には一〇から三〇分つけて、翌日が食べごろです。

白身のお魚は昆布で〆てから、仕上げに酢で洗います。昆布の〆加減は、一時間から一週間までお好みでかまいません。切り身にしてから昆布にはさむと早く上がります。

しめさば

材料

*さば
*塩
*酢

作り方

1 さばは三枚におろす。ここでは、カマ、腹骨は外さない。

2 おろしたさばにべったりと塩をまぶし、冷蔵庫で1時間半から3時間ほど置く。

3 水で塩を流し、1回酢で洗ってから、新しい酢に漬けこむ。

4 1時間から1時間半したら、酢からあげて水気を切る。

5 カマと腹骨をはずし、中骨を抜き、皮をむく。刺身に引くときは、皮目を下にすると身崩れしにくい。

しめあじ

材料

＊あじ　小振りのもの
＊塩
＊酢

※翌日が食べごろですが、
すぐに食べたいときは、
酢に漬ける時間を長めにします。

作り方

1 あじは３枚におろす。ここでは腹骨を残しておく。

2 バットに強めに塩を振り、あじを皮目を下にして並べる。上から身の上にも同様の塩を振る。

3 ３時間ほどしたら、水で塩を洗い、酢で洗った後、新しい酢に漬け込む。

4 10分から30分したら酢からあげて、水気を切る。

5 腹骨を取り、中骨をぬく。

6 食べよい大きさに切ってできあがり。

昆布締め

材料

* 白身魚
* 昆布
* 酢

作り方

1 白身魚は、上身に柵取りする。

2 昆布に挟み、ラップでくるみ冷蔵庫で保管。

3 好みで1時間から3日間ほど締めておく。

4 浅く締めたものは、そのまま刺身に引く。よく締めたものは、酢に10分ほどつけて水気を切ると、冷蔵庫で数日保存可能。

煮付け魚

よく聞くのが、味がしみていておいしいという言葉ですが、煮付けで味がしみているのは失敗作かあまり美味しくない魚をなんとかおいしく料理するときの味です。魚が鮮度よくしっかりと味のあるものでしたら、極力短い時間で煮あげてしまい、味を染みさせずに煮汁をたれとしてつけていただくのがよい煮魚です。

白身の魚はお酒と醤油だけで、あっさりと。切り身の魚でしたら三〜四分。丸ごと一尾の魚でも七分ぐらいでさっと煮上げてしまいます。

いわしのぴっかり煮。コクのあるお酢、酒、再仕込み醤油で煮付けます。濃い口醤油でも構いませんが、再（二段）仕込み醤油を使うと味のやわらかさとぴっかり具合が違います。

味噌煮は、味噌だけにするとかなり甘い味が必要になってしまうので、半分醤油、半分味噌ぐらいの味にするのがこつです。

白身魚の煮付け

材料

*白身魚
*酒
*醤油

※酒を煮切るときは、
火がつくと危険なので
弱火にすること。

※魚は切り身でも良いですが、
骨付きのもののほうが、
ふっくら仕上がります。
タイ、カレイ、メバル、カサゴなど
あっさりしてコクのある魚が
おすすめです。

作り方

1 沸騰した湯の中に材料の魚を落としてすぐに水に取り、表面の細かい鱗やぬめりを取る。

2 １人前あたり１合ぐらいの酒を鍋に入れ、アルコールが飛ぶまで弱火で煮切る。

3 アルコールが飛んだら、魚を入れ、強火にかける。

4 ２、３分したら、醤油を入れて、一気に煮詰める。

5 煮詰めの味を見ながら、魚の味が十分に出てきたら醤油で味を調えてできあがり。

いわしのぴっかり煮

材料

*いわし
*酒
*みりん
*酢
*二段仕込み醤油
（濃口醤油で代用可）

※酒を煮切るときは、
火がつくと危険なので
弱火にすること。

※いわしの他にも、さば、
秋刀魚など脂の乗った青魚が
おすすめです。

作り方

1 いわしは、頭と内臓を落とし、流水できれいに洗う。

2 1人前に対して、酒0.5合、みりん0.5合、酢大さじ1をアルコールが飛ぶまで、弱火で煮切る。

3 アルコールが飛んだらイワシを並べ、蓋をしてことこと煮る。

4 魚に火が通ったら、醤油を入れさらに煮る。

5 煮詰まってきたら弱火にして、煮汁をまわしかけながらとろみがつくまで煮詰めてできあがり。

さばの味噌煮

材料

*さば
*酒
*みりん
*醤油
*味噌

※酒を煮切るときは、
火がつくと危険なので
弱火にすること。

作り方

1 さばは切り身にし、表面を水でよく洗っておく。

2 1人前に酒0.5合、みりん0.5合に味噌を溶いて、アルコールが飛ぶまで弱火で煮切る。

3 アルコールが飛んだら、強火にして一気に煮上げる。

4 煮汁にとろみがついてきたら、醤油で味を調え、仕上げに酢をほんの少しいれてできあがり。

漬物

夏の暑さと乳酸発酵、日本の気候だからこその味です。一番熱い土用のころに、紫葉漬けを仕込みます。ちょうど梅干用に赤紫蘇が出回るころですね。なすは絶対にいれないとだめです。ぽりぽりするきゅうりも好きです。なすにはみょうがのとりあわせ、私が欠かさないのは新生姜。適当な大きさに切って、塩をまぶして樽に押し込み、重石をして一〇日から二週間ほど汗をかいてもらえばできあがりです。案外簡単なものですよ。

糠床があれば、毎日が幸せですよね。冷蔵庫に入れてしまう人もいますが、それはまったく別の食べ物です。温度と塩と水分、これだけ守っていれば、悪くなることはないです。

発酵させない手軽な漬物も簡単にできます。濃い目のそばつゆの中に山椒の実を放り込んで、あとは生野菜を漬け込むだけ。一晩でも数日でも、おいしくいただけます。

柴葉漬け

材料

*なす
*きゅうり
*新生姜
*みょうが
*赤紫蘇
*塩

作り方

1. 野菜の重さの3パーセント量の赤しそを真っ黒い灰汁がでるまで塩もみする。
2. 野菜は大きく切って、全量の3パーセントの塩をまぶす。
3. きれいに消毒した漬け樽に隙間なく野菜と紫蘇を入れていき、上からビニールシートをかけ、落し蓋をして重石をする。
4. 重石は最初は野菜と同じぐらいの重さにし、1週間したらさらに同じ重さを載せる。
5. 2週間置いてできあがり。

ぬか漬け

材料

*新鮮な糠
*塩
*野菜

作り方

1 糠1キロ、水1000cc、塩60グラムを合わせてよくまぜて糠床をつくる。

2 塩もみした野菜を糠床に漬ける。毎日野菜を取替え、1週間ぐらい経つと発酵した糠床になる。

※糠床の管理は、
味見をして考えます。
すっぱすぎるのは、
塩が足りないか水分が多いか、
発酵が足りないのはその反対です。
悪い臭いが出たときは、
表面を捨ててからかき混ぜれば
問題ありません。
糠床は25～30度ぐらいの室温で、
元気になります。

大根醤油漬け

材料

*大根
*出汁
*醤油
*みりん
*かつお節
*粒山椒

作り方

1 90頁のめんつゆの作り方を参考にして、出汁2醤油1みりん0.6の割合で濃いめんつゆをつくり、好みで粒山椒などの香辛料を加える。

2 塩もみして水気を出した大根を1に漬ける。

3 浅漬けでも1週間以上置いたぽりぽり漬けでもお好みで。

※野菜は大根のほかに、
長芋やセロリなど、
いろいろなもので楽しめます。

酢炒り

酢1.5、醤油2、油1ぐらいのドレッシングを常備しているのですが、ある日お肉を焼いているときに、これをかけてみたら思いのほかいい味になったのです。それではと、えのき茸にも試したところとても簡単でごはんのおかずになるのです。フライパンにえのき茸を入れて火にかければすぐにしんなりします。上からドレッシングをかけてさっと煮詰めるだけです。

人参があまってしまったときに酢炒りにすると、長持ちして常備菜になります。細切りにした人参をじっくりと甘みがでるまで乾煎りしてお酢とお酒を振って炒り付けます。味は塩だけでも十分でしょう。

土佐酢はかつお節が効いているせいか、案外ごはんに良くあいます。ぜひおすすめなのが叩きオクラです。焼きなすとの相性も抜群です。

えのき茸のドレッシング煮

材料

* *えのき茸
* *醤油
* *酢
* *太白胡麻油

作り方

1. 酢1.5、醤油2、油1の割で合わせてドレッシングをつくる。

2. えのき茸をほぐしてフライパンに載せ、中火にかける。

3. えのき茸がしんなりしてきたら、ドレッシングをかけ、水分が煮詰まったらできあがり。

人参の酢炒り

材料

* 人参
* 酢
* 塩

作り方

1. 人参はなるべく細い千切りにする。
2. 人参を甘みと香ばしさが出るまでじっくりとフライパンで乾煎りする。
3. 酢と塩を適量入れ、水分が無くなるまで炒りつけたらできあがり。

焼きなすとオクラの酢の物

材料

＊なす
＊オクラ
＊土佐酢
（作り方は92頁）

作り方

1 なすは強火のコンロで、全面が真っ黒になるまで直火焼きし、皮をむく。

2 オクラは柔らかく塩茹でする。

3 焼きなすとオクラを細かく叩いて合わせ、土佐酢に漬け込む。

4 30分以上おいて、できあがり。ごはんにかけるのもおすすめ。

和え物

上等な大粒の大豆を使った納豆は、醤油をかけてごはんにのせてもおいしいのですが、もうひとつ納得がいかなかったのです。ある日、熟成の進んだ赤い米味噌を混ぜてみたところ、これがぴったりでして、納豆が得意でない人にも食べやすくなるそうです。

白和えは、甘くしないことでごはんのお供になります。コツは、とにかくおいしい豆腐を使うことです。水切りしたものをすりつぶすか裏ごししたら、醤油だけで味付けしても上等の味です。

梅干は紀州流の塩分二〇パーセントほどの白干し、これに限ると私は考えます。ただ、やはり塩が強いので一度に一粒は食べられません。残りを叩いて、たっぷりのおかかをまぶして練り梅を作っておくと、そのままでももちろんよいですし、何かにちょっと和えてもおかずになるのです。

味噌納豆

材料

* 大粒の納豆
* 長期熟成の米味噌

作り方

1 納豆は豆質の良い大粒の納豆を選ぶ。

2 味噌は1年以上熟成した米味噌を用意する。

3 納豆に味噌を入れて混ぜるだけ。味噌の量は好み次第、多めに入れれば冷蔵庫で保存可能。

とうもろこしの白和え

材料

*とうもろこし
*豆腐
*胡麻
*白味噌
*醤油

作り方

1 とうもろこしは、皮付きのままラップし、蒸し器で15分ほど蒸かす。

2 豆腐は重石をするか巻き簾できつく巻いて30分ほど水切りしておく。

3 炒り胡麻をすり鉢で当たり、白味噌を少量加え、さらにする。

4 水切りした豆腐を潰して3に加え、滑らかになるまでする。醤油で味付けし、バラしたとうもろこしを和えてできあがり。

春菊の梅和え

材料

* 梅干
* かつお節
* 煮切り酒
* 春菊

作り方

1 鍋に梅干を並べ、酒をひたひたに入れ、弱火にかける。酒が半分ぐらいに煮詰まったら火を止めて冷ます。

2 １の梅を包丁で叩いて練り梅にし、たっぷりのかつお節を混ぜてさらによく叩く。鍋に残った酒を適量加えて、梅衣を和えやすい柔らかさにする。

3 春菊など茹でた野菜と和えてできあがり。

※梅干は、
塩分濃度20パーセント前後の、
梅と塩だけで作られたものが
余計な味がまったくなく
おすすめです。

炊き込みごはん

とうもろこしと
枝豆の
炊き込みごはん
（昆布出汁＋塩）

メイチダイの
炊き込みごはん
（昆布出汁＋醤油）

鳥肉と牛蒡の
炊き込みごはん
（昆布かつお出汁
＋醤油）

ごはんの料理

お出汁
たっぷり
雑炊

濃厚おじや

お焦げの
梅茶漬け

素朴で豊かな食事

第5章

美味しいとはどういうことか

料理人を生業としていると、おいしいとはどういうことかという問いに突き当たります。どんな人にでも絶対においしい味というものはないでしょう。同業の仲間と話していても、結局は「おいしいかどうかということは人それぞれの好みでしかない」と答える人がほとんどです。たしかに人それぞれの味は大切なことですが、それでも私は、味について何か絶対のことというか真理のようなものがあるような気がしてならないのです。

のみ飽きのしない味

二〇代のころ、まだ料理人になる前のことですが、私は日本酒を飲むことに熱中しており、日本中のお酒を片っ端から飲み漁っていました。そのころ私のバイブルだったのが『夏子の酒』(尾瀬あきら、講談社刊)という漫画です。この本の中に、若い見習い杜氏がライバルの蔵のベテラン名杜氏に、優れた酒とはどういうものかと問う場面があります。

名人は「**力強くさわやかでのみ飽きのしない酒だ**」と答えました。

さまざまなお酒を飲み、知識を詰め込んで、一端の酒通ぶっていた私に、電気が走りました。誰も味わったことのない、誰もが唸るような究極の味を追い求めるのが美味の探求だと信じていたのですが、名人の言葉は一言で言ってしまえば、決して特別ではない飲みやすい酒が素晴らしいということを言っているのです。そして、力強くてもさわやか、力強くても飽きない、何かここに真理があるように思えたのです。二〇代後半になってとつぜん料理人になろうと決意したのは、この言葉があったからかもしれません。

本物の味

二七歳のとき私は料理人になりました。

日本酒を心からおいしく飲める店を出したいと思い、日本料理店で修行を始めました。プロの料理はさすがでこれまで私が味わったことのないようなすごいものでした。あちこちへ食べに行ったりもしました。しかし、その中で、感動することがないのです。たしかに美味しいのですが、どこにも本物がないと感じるようになりました。店を経営して生活していくためには、手を抜くわけではありませんが、本物を追い求めていては成り立たないのです。小器用な私はそういう常識にすっかり馴染んでしまいました。

そんなころ、面白い寿司屋があるからと誘われ、横浜の郊外へ向かう私鉄に乗って二〇分ほどの小さな駅まで足を運びました。私は、おいしいではなく面白いお寿司屋さんと聞いていましたから、その日はとくにおいしいものを食べにいくつもりではありませんでした。入り口を開けるとうなぎの寝床のような店内はまずカウンターのワインバーがあり、その先の突き当たりにまた入り口があり、扉をあけると小さなお寿司屋さんが待っていたのです。二つのお店はまったく別のお店で、たしかにこれは面白いお店です。

しかし本当に驚いたのは、そのお寿司を食べたときです。塩と酢の塩梅がこの上ないごはん、粒立ちがくっきりとしていてはらりと解けます。上等なすし種は市場で手に入る最上のものに違いありません。その味わいはまさに、力強くさわやかで食べ飽きのしない味だったのです。

翌週すぐに再訪しましたが、その感動はさらにじんわりと体に行き渡っていきました。お会計も信じがたいほど安く、どう考えてもまともな暮らしができるとも思えません。私の中で、本物を追い求めてもいいのだ、自分もこんな人になりたい、こういうお店をつくりたいと思いが生まれ、以後今でもこの方を心の師匠にしているのです。

その師匠がある日私に、本物とはどういうものですかと聞きました。もちろんよくわかりません。師匠は、嘘がないことですよ、と私に言いました。**嘘のない味**、まさに私が知りたかった言葉が腑に落ちました。それまでどこに食べに行っても嘘しか感じませんでした。ごまかしたり、たぶらかしたり、あざとかったり、虚飾に長けていてもその人のそのものが顕になった味には出会わなかったのです。

体に馴染む味

三三歳のとき、東京都中野区の新井薬師前という駅のそばに「柾」という和食店を開きました。まったく知らない土地に店を出したのは、一人のシェフの存在がありました。区内でフランス料理店を営んでいる方なのですが、店の開業についての相談がてら食事に行きました。その料理、そのワイン、驚きました。この人はお酒を飲むときの料理というものを真に理解している人だと思ったのです。

お酒のつまみには塩が強いものがいいとよく言われますが、これはとんでもないことです。お酒を飲んではじめに気づく体への悪い症状は喉が渇くことです。食べ物まで塩の強いものを摂ってしまえば、余計に喉が渇いて夜通しもだえることになってしまいます。塩の強いものを食べてお酒を飲んでも平気なのは、よほど体が頑丈か、感覚がぶっ壊れてしまっている人でしょう。

シェフの料理は、塩が出ることなく抑えられているのに、うまみがばらつかずに絞り込まれているのでしっかりと力強さを感じます。シェフが用意するワインも料理同様に余計な味がなく、濃くてもすっきりしているので、体にすいすいと入るのです。どこにでもありそうでいて、どこにもない、奇跡のようなレストランです。すっかりファンになってしまい、なるべくこの店の近くにお店を出そうと思ったのです。

シェフのところには、開店後も足しげく通い、昼に夜に料理への想いを語り合ったのですが、当然その中でおいしいとはどういうことかという議論になります。

シェフの結論は、おいしいというのは**体に馴染む味**のことだということでした。これは、まったくその通りだと思います。レストランの食事はどうしてもエンターテイメントの側面が強いもので、過剰な味、繕った情報を食べさせる刺激物のように感じますが、日々の糧としての食事は体が受け入れるものでなくてはいけません。

私は、食事の喜びとは生きることそのものの中にあると思います。生きることとは自然の中にいることです。自然の営みとしての食事から逸脱したものに喜びは感じられないのです。

癖のない味

お寿司屋さんの師匠は、私が店を開けるようになると顔を出してくれるようになりました。師匠はなかなか摑みどころのない方で、おいしいとはどういうことでしょうと聞いてみてもはぐらかされてしまいます。

酔いのまわったある夜のこと、いっしょに飲みにきていた方に、おいしいとはどういうことかはっきりわかったと話しているので、これは聞かなくてはなるまいと手を止めて聞き耳を立てました。

師匠曰く、それは**癖がないこと**だ、というのですが、連れの方はそれは違うと、言い争いになってしまいました。私もはじめ釈然としませんでした。癖がないものがおいしいなら、私が大好きなくさやはおいしくないものなのでしょうか。癖も味のうちなのではないのでしょうか。

私は以前ヘビースモーカーだったのですが、十数年前に吸うのをやめてしまいました。たばこを吸わなくなると、食事がおいしくなるという話はよく聞きますが、私の場合むしろその反対で、悪い味をよりはっきりと感じるようになり、おいしくなくなってしまいました。悪い味を感じるなら良い味もよく感じるのではないかと思うのですが、そうでもないのです。

そこで気づいたのですが、舌という器官はおいしいものをわかるためよりもむしろ、体に害になるものを見分けるのが一番大事なことなのではないかと思ったのです。栄養のあるものをおいしいと感じることも重要ですが、毒を見分けることのほうが生き物にとって切実な問題であるはずです。舌が良くなり味が良くわかるようになった結果、悪い味をよりはっきり感じるようになるのは当然のことなのでしょう。

癖とはなんでしょうか。私は個性のひとつではないかと思っていたのですが、最近になって癖は個性ではないと考えるようになりました。

人について考えてみます。個性はその人がその人であるそのものの、その人の本質のことだと思います。これは、ヒトが生きるうえで一番に大切なもので、何にも歪められてはならないと思います。ところが、なかなかこれが難しいもので、人の間で生きるうちに生じる摩擦で自分自身の本質を見えないところにしまってしまうものです。その結果生まれた歪なものが癖であり、**癖はその人そのものとはまったく別のもの**ではないかと考えたのです。

そう考えると食べ物についてもまったく同じことが言えます。一つひとつの食材、それぞれの料理には、そのものがもつ本質があり、それは料理する人や食べる人に歪められてはなりません。**そのものの味は必然的に美しく、手を下すまでもなくおいしい**のです。

ところが、たとえば一匹の魚、私が大好きなマコガレイは、網に掛かり、船の上に取り込まれ、生簀に泳がされ、港に水揚げされ、場合によっては何日もそこで泳がされ、輸送車で築地に出荷され、競りにかけられ、仲買の水槽に入り、発泡スチロールの水槽に入れられてライトバンで郊外にある私の店まで運ばれ、ようやく手元にたどり着くわけです。

海の中で健康に生きているときのマコガレイの味は美しいです。しかし、私の手元にくるまでに大なり小なりの癖がついてしまっているのです。

料理人の私ができることは、極力癖のついていない魚を見分けて手に入れることと、その癖をなるべく最小限の手当てでその一匹の魚の本質に近づけることです。私の意図や技を見せつけるのではなく、必然的にそうせざるを得ないものなのです。これは私の勝手な信仰なのかもしれませんが、美しいものは宇宙の法則に従っているのだと疑ったことがありません。そこに作為や都合が入り込む余地はないのです。

たくさん飲める

店を始めたころは、自分を大きく見せようと背伸びしたり、認められない自分に苛立ったり、もっと良い店にしなくてはと焦っていました。店で出すお酒についても悩みました。知らないと甘く見られると思い、流行のお酒を他所に飲みに行ったりしていました。酒屋さんは、無二の親友といえる同志で、いろいろと迷惑をかけているのですが、よくあでもないこうでもないと飲み明かしたものです。そのときに気づいたのは、**おいしい酒はたくさん飲める**ということでした。

たくさんのお酒を知りたいと思って出かけるのが、試飲会です。一日に数十ものお酒を利いて回るのですが、これはお酒の品質を知ることにはなるものの、肝心なおいしいかどうかを見分けることができません。味覚では知ることができても、体に馴染むかどうかを知ることができないのです。やはり、お酒は飲まないとわからない、それも食事とともに飲まないとわからないのです。さらにいうと、**酔っ払っていないと本当のことは見えてきません。**ふざけたようなことをいっているようですが、真剣です。

夕方から飲み始め、日付も変わろうかというころになると、もうべろんべろんです。味などもうよくわかりませんし、意識も定かではありません。はじめは素晴らしいと絶賛していた最近人気のお酒も、なぜかぴたっと一滴も入らなくなってしまいます。ところが、**際立ったところのない普通の味の酒のなかに、水を飲むごとくすいすいと進むものがある**のです。

そういう酒を酔っていないときに改めて飲むと、しっかりと味がありながらも余計な味のない良酒なのです。まさに、癖がなく体に馴染む味、力強くさわやかでのみ飽きのしないお酒なのです。このことに気づいてからは、二人の試飲会は必ず二合は飲んで酔っ払ってから集合、あれこれ飲むよりも一本の酒をどこまで飲み続けられるかどうかということになったのです。

きれいな味

日本酒の美味しさを表現するときに、きれいという言葉を使います。

もともとはお米をたくさんけずった精米歩合の高い米を原料にした吟醸酒に対して使わ

れていたものだと思うのですが、私はこの言葉が気に入って、雑味のない味、透きとおった味、癖のない味、作り手に嘘のない味、余計なことのない味、そのものの本質が現れている味、という意味で使っています。私の店に通っている人の間ではお馴染みの言葉になっています。

私はきれいな味は透きとおった色のついた円形をしていると思っています。色は食材のもつ個性です。一つとして同じ色はありません。食材を手に入れたときに透きとおった円であれば、手を加えるところは何もありません。しかし、手に届くときには円の円周がでこぼこになっていたり、欠けていたり、円の中に穴が開いていたり、色が濁っていたりするものです。

正直に言うと、市場に出ているほとんどの食材は、ぼろ雑巾のように無残で原形をとどめないものになっています。そういうときには、適当な枠をはめて新しい円を作って濃い色で塗りつぶしてしまえば、とりあえずおいしい味になります。

しかし、そこに命の味わいはありません。食べるために奪った命が報われるような味にしたいと考えるのは料理人が生まれつき持っている本質ではないでしょうか。私はきれいな味を目指してこそ命を慈しむ味があり、本物の美が宿ると思うのです。

極意の柾式

生きている意味とはなんでしょうか。私は「幸せに生きる」それのみにしか意味はないと思います。幸せとは誰かに決められた幸せな状態になるということではありません。ただ、その人自身が幸せだと感じているかどうかです。幸せを感じるのにいちばん重要なのは自由であることだと思います。自由であるということは、なんでも好きなことができることとは違います。その人がその人の本質そのままに生きているということです。私は料理を通じてこのことを知りました。美味しいものをつくるという私の内なる必然に従った結果、そう考えるようになったのです。

素朴であること

料理人の仲間と語り合っているとき、**しみじみ美味しいなあ**という言葉が出てきます。

この言葉が出てくるときは、たいていその人が心の底から美味しいと思ったことが語られているように感じます。きれいな味に出会ったとき、口の中の味というものはさほど印象に残らないものです。素直にああ美味しいとは感じますが興奮することはありません。のどを過ぎてようやくすると、胸の奥からなにやらじんわりとしたものが滲み出てきます。とても静かでやさしく温かい心地です。安堵のため息が自然ともれてきたり、眉間のあたりから、んんーと噛み締めるような声がでることもあります。息をすると胸の底から小さな衝動が起こります。もう一口たべたい。しみじみと美味しいとはだいたいこんな感じなのではないでしょうか。

私はしみじみとおいしい料理にはひとつの共通するものがあると思います。それは、**素朴**だということです。向こうから押し寄せてくるような味ではなく、こちらが迎えにいくような味です。あたりまえのもので、どこにでもあるようなものですが、只者ではない。感受性を鈍くしていては気づくことはない、静かでやさしい味わいです。

刺激的なもの、斬新なものに出会うととても興奮し、感激するものです。しかし深く感動する味は素朴なものに限るのです。素朴とはおそらく、自然に対して謙虚で、寄り添っていること、つまり誠実なものということではないでしょうか。

核心を突く

日本料理は引き算の料理という言い回しを耳にします。私の料理もよく引き算の料理だと言われることが多いです。塩焼きの魚が皿にのっているだけ、つまやあしらいのない刺身、種がなく出汁を張っただけのお椀、無駄のない料理はそのように感じるかもしれません。しかし、私には引き算をしているつもりはまったくありません。

食材のそれがそれたる所以の味、核心のところに直接たどりつく。これが私の料理で大切にしているところです。出っ張っているところは削る、窪んでいるところは埋めるわけですが、なるべく凸凹のない食材を手に入れるのが最短の手です。ですから、足したり引いたりすることはほとんどありません。

重要なことは、見極めることです。その食材の本質がどこにあるかということを感じ取る力を身につけることです。どうやって見極めたらよいかといえば、自然に触れるというのがいちばん簡単な方法だと思います。私の住む中野区というところは、おそろしく自然のない最悪の土地ですが、それでも大きなけやきの木に話しかけたり、道端に咲いている小さな野草の花を愛でたり、鳥の声を聞くことはできるのです。

作為を捨てる

何かのためという言葉が口にでるとき、それは私の本心が望んでいないことをするときです。魂が発する言葉ではありません。私の外から望まれているものに縛られた言葉です。何かのために作られた味は美しくありません。自然に寄り添った味ではないからです。

良い味の料理ができたときというのは、そうせざるを得ない、ならざるを得ないという必然に導かれたときです。いろいろな選択肢があって、その中から選ぶことができる状態を自由だと思っていましたが、料理をしていると**選択肢があることはそれ自体ですでに不自由な状態**になっていることを知りました。選んだり決めたりして作られた料理の味は作為があってザラザラしているのです。私自身の内なる本質、魂の必然に導かれれば選ぶ必要すらありません。そういう味は柔らかいものです。

簡潔なこと

シンプルイズベストという言葉は、ほんとうにその通りだと思います。最良のものは必ず簡潔なものになっています。余計なものがあるときは、最良のものになっていないと気づきます。でもシンプルにすればベストになるわけではありません。簡潔なことが始めにありきの料理は、やはりあざとい味がするのです。

料理はものすごく簡単です。プロの人はさも難しそうなことを言いますが、自分の価値を高めるために本能的にそう振舞ってしまうのです。以前はプレス受けのする高度な理論を料理に盛り込んでいましたが、それはすべて嘘でした。当たり前のことにじっくりと取り組むだけで、特別な技術はいらないのです。

うまくできない人は、**簡単なことを難しいやり方でしようとするからできない**のです。上達するということは、難しいことができるようになるということではなく、簡単なやり方にたどり着くということです。

自分を信じる

どうすれば味がわかるようになりますかと聞かれることがあります。もうすでに味がわかっていますからそれを信じるだけです。ただし、自分が思わされていることを捨てて自分が感じていることだけを信じることです。

私の店に来た二歳の子供たちは、全員味がよくわかる人たちでした。

美味しい食事を求めて

家庭の味

うちは家庭の味ですからと謙遜して言われる方がいますが、私は**家庭こそ本物のおいしい食事が食べられる場所**ではないかと思います。料理屋のように、刺激や情報を味に求める必要はなく、純粋にしみじみとおいしいものがあればよいのです。

そうはいっても、毎日良い食材を手に入れることなんかできません。でも全部をおいしいものにする必要はありません。**何かひとつ変えることができれば、食事は変わります。**

私は店を出すときにお酒を楽しむ場所にするからこそ、ごはんだけはおいしいものを出すと決めました。ごはんは料理のすべての基本だと思うからです。料理はなるべく手数の少ない簡素なものにこそおいしさが宿ります。**米と水だけで料理するごはんという料理は原点であり、行き着くところ**だと思うのです。

とある場所で、お米コンテストの審査員にさせていただいたことがありました。地形条件の有利不利が地域によってあるのですが、意外にも低地の河川沿いの不利な場所から上位入賞者が出ました。コンテストの後に、講演の席の壇上から、電気炊飯器でなく鍋でごはんを炊いている人と、新米は必ずしも美味しいものではないと思っている人に手を上げてもらいました。

新米は夏に劣化した古米を食べてきたので、その差からとても美味しく思えます。しかし、まだ口に含んでから込み上げてくる穀物の風味が弱く、ベストの時期とは言えないと思います。そういうことに気づいている人は生産者にもいるのかという興味があって聞いてみたのです。結果は思ったよりも残念で、どちらの質問にもほとんど手が上がらなかったのですが、なんと上位入賞者の中の数人が二つともに手を上げたのです。

たまたまのことなのかもしれませんが、ごはんの味をよくわかっている人が、優れた米を育てることができるのではないかと思ったのです。料理も同じです。**おいしいものをわかる人は、必ずおいしいものを作ることができます。**おいしいものがわかるというのは、味覚が優れていることや料理の知識があることとは違います。先入観や常識にとらわれず、自分自身を信じて、ただありのままを受け入れればよいのです。

田んぼの味

栃木県の益子という土地から野菜を送ってもらっています。釣り好きの方で、畑に行くと野菜より先に魚談義になってしまったりします。畑や田んぼに、農薬や化学肥料は撒かれません。それどころか、肥料さえもほとんど入れることなく、その土地の地味だけでお米や野菜が育ちます。もう四〇年以上、そうやってきたそうです。

田畑には、生き物があふれています。当たり前のようにいろいろな草花が作物と共存しています。お互いが協力しあって生きているようで、宇宙の法則に従って存在しています。ここで育つ作物は、みなきれいな味がします。とても力強い味わいがあるのですが、えぐみや雑味などの嫌な味がしません。

お米は順番待ちなので、いつかその日が来ることを待っているのですが、ときどき少し分けてもらえます。澄みきった味、味の数が少なくその一つの味がとても強く、食べたことを忘れてしまうぐらい、口に味が残らないのです。美しい味としか言えません。

本物の味は、探し求めても見つかりません。出会うことのできる準備をして待っていれば必ず向こうから訪ねて来てくれるのです。

お米にお金をかけてください

最後にひとつだけお願いがあります。今、お米の値段は安すぎると思います。おいしいごはんを炊けるようになったら、できれば農家の方から直接、少し多くのお金を出してお米を買ってほしいです。むやみに高いブランドのものに手を出すのではなく、自然と生まれた縁で出会った人から分けてもらえたら素敵ですね。

みなさんの日々の糧がおいしさと豊かさに包まれることを願っています。

真崎 庸

まざき・よう

1970年、多摩川生まれ、東京湾育ち。

大学生の時は自然地理学を学び、野外調査のテント暮らしの日々で

炊飯を身につける。大学は満期8年で除籍となり、

好きな酒と魚で身を立てようと都内の日本料理店で6年間修行する。

2003年東京都中野区に割烹店「柾」を開業。

年間釣行100日の釣りキチ。好きな釣りはアマダイとカサゴ。

ご飯《はん》の炊《た》き方《かた》を変《か》えると人生《じんせい》が変《か》わる

2018年10月30日　初版
2020年 2 月20日　2 刷

著者／真崎 庸

発行者／株式会社晶文社

〒101-0051

東京都千代田区神田神保町1-11

電話：03-3518-4940（代表）・4942（編集）

URL http://www.shobunsha.co.jp

印刷・製本／ベクトル印刷株式会社

ISBN978-4-7949-7057-2　Printed in Japan